LAPTEV SEA
EAST SIBERIAN SEA
CENTRAL SIBERIAN PLATEAU
EAST SIBERIAN MOUNTAINS
SEA OF OKHOTSK
BERING SEA
MONGOLIA
CHINA
NORTH KOREA
SOUTH KOREA
SEA OF JAPAN
JAPAN
North Pacific Ocean
PHILIPPINE SEA
PHILIPPINES
MALAYSIA
INDONESIA
PAPUA NEW GUINEA
CORAL SEA
AUSTRALIA
GREAT AUSTRALIAN BIGHT
TASMAN SEA
NEW ZEALAND
South Pacific Ocean
--- Route Motorrad
····· Route Schiff und Flugzeug

Alaska ist überall

Momentaufnahmen einer Abenteuerreise um die Welt

In zwanzig Jahren wirst Du mehr Dinge bedauern, die Du nicht getan hast
als die Dinge, die Du getan hast.

Mark Twain

Alaska ist überall

Momentaufnahmen einer Abenteuerreise um die Welt

Text: Uwe Krauß
Gestaltung: Uwe Krauß
Layout, Design: Markus Schlaffke, Uwe Krauß
Überarbeitung: Danica Viernickel, Guido Bergmann
Fotos: Uwe Krauß, Ramona Schwarz

Printed in Germany:
Druckhaus Thomas Müntzer, Weimar

ISBN 978-3-00-024622-7

Mehr Informationen: www.alaska-ist-überall.de

Danke

Mein Dank soll all jenen gelten, die mich unterwegs anhalten, nachdenken, weinen, lachen und staunen ließen, denjenigen, welche die Reise zu einem Erlebnis machten.

Ein paar Frauen haben eine besondere Erwähnung verdient. Die eine, die mich während der ersten fünf Jahre begleitet und ertragen hat und ohne die die Reise so nicht stattgefunden hätte. Die andere, ohne die dieses Buch zwei Jahre später fertig geworden wäre, die sich traute, sich und ihren Sohn einem potentiellen Zigeuner anzuvertrauen, die mich in den schwierigsten Momenten der Reise, sprich denen danach, aufrichtete, mich mit ein paar Machtworten aus meiner Melancholie zog und überhaupt meinem Leben einen neuen Sinn gab. Danke auch meinen Eltern, die den Ausgebrochenen auch irgendwann verstehen wollten.

Und: Danke Oma, dass Du, als eine der wenigen, von Anfang an an den Sinn meines Unsinns geglaubt hast.

Inhalt

Wie alles begann

"Das war das letzte Mal, dass jemand drei Wochen Urlaub bekommt!" Das ist ein Totschlägersatz, ein Anlass für Depressionen. Ich bin ihm sehr dankbar, genau wie meinem Chef. Der sprach ihn aus. Im Affekt.

Ich arbeitete zu dieser Zeit als Bauingenieur und kam gerade gut gelaunt aus Kanada zurück. Auf einer von mir betreuten Baustelle hatte es während meiner Abwesenheit ein paar der üblichen Komplikationen gegeben, um die sich geplagte Chef kümmern musste. Ich fuhr derweil, gemeinsam mit einem Freund, einem Traum hinterher: In drei Wochen sollte es mit Motorrädern von Vancouver bis hoch nach Alaska gehen. Wir holten unseren Traum nie ein. Angesichts der unterschätzten Weite des Kontinents und überraschendem Schneefall mussten wir das Vorhaben bald aufgeben und uns auf den Süden Kanadas beschränken. Doch der Gedanke an Alaska hatte sich eingenistet. Er würde sich vielleicht immer noch in der großen Schublade mit den unerfüllten Träumen verstecken, hätte mir der aufgebrachte Chef mit seiner quasi endgültigen Drohung nicht klargemacht, was mich die nächsten 35 Jahre erwartet.

Es dauerte nur ein paar Monate. Der Drang nach Abenteuer und die Zukunft, wie sie sich mein Chef vorstellte wurden so unvereinbar, dass nur eine Lösung blieb: Kündigen.

Inzwischen waren meine Ideen so enthusiastisch geworden, dass ich selbst davor erschrak. Wenn schon nach Alaska, warum nicht einen kleinen Umweg einlegen? Am besten über Afrika. Ein Blick auf den Globus verrät den billigen Trick: Der Schwarze Kontinent liegt nicht unbedingt auf dem direkten Weg nach Alaska. Natürlich wollte ich mein schlechtes Gewissen überlisten. Den sicheren Job kündigen, eine „Lücke im Lebenslauf" produzieren, um auf unbestimmte Zeit loszufahren. Das geht doch nicht! Es ging. Der Zufall wollte es, dass ich in dieser Zeit eine Partnerin fand, die sich für meinen Spleen begeistern konnte. Der überwiegende Rest meines Umfeldes reagierte mit einer Mischung aus Unverständnis und Ablehnung. Ich konnte sie verstehen. Hatte ich doch auf Fragen, die anfingen wie: „Was macht ihr, wenn ... ?" auch keine besonders klugen Antworten parat. Eine der besseren war: „Es wird sich schon eine Lösung finden."

Letztendlich fanden sich sehr viele Lösungen. Das Finden verschaffte eine solche Befriedigung, dass aus dem Plan, der eigentlich keiner war, eine mehr als sechsjährige Reise um die Welt wurde. Etwas am 8. März 2001, dem Tag unseres Aufbruchs, völlig Unvorstellbares.

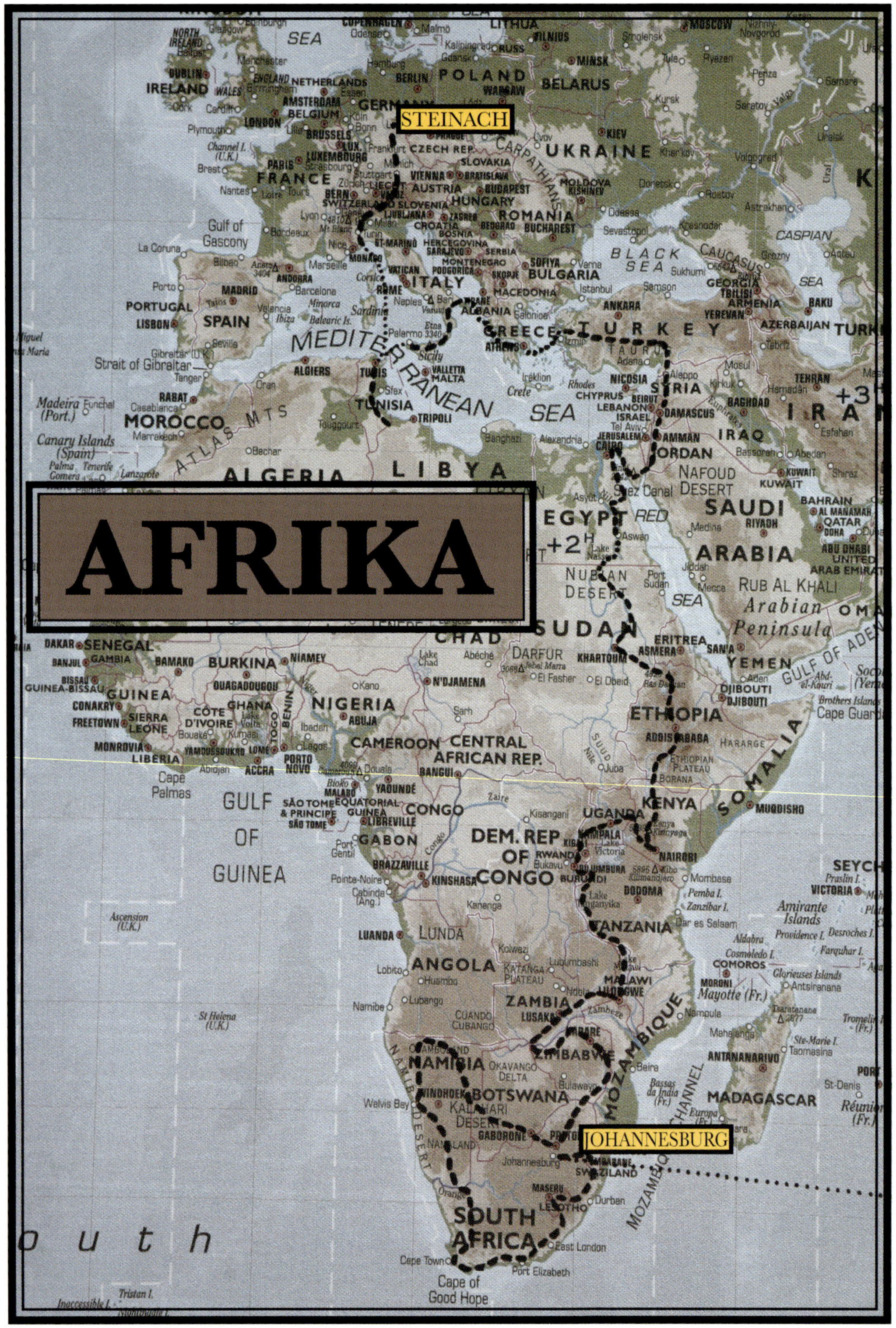

Fast das Ende

Mit einem geringschätzigen Lächeln drückt mir der libysche Grenzbeamte unsere Pässe in die Hand. "We go back to Tunisia", hören wir ihn sagen. Fassungslos schauen wir uns an. Nicht weil er, aus Mangel an besserem Englisch, androht, uns zu begleiten. Nein, wir waren gescheitert!

Die lächerliche Geschichte hatte hier, in Ras Ajdir, dem kleinen Grenzposten zwischen Tunesien und Libyen, bereits vor drei Tagen ihren Anfang genommen. Völlig eingestaubt und todmüde waren wir nach scheinbar ewig dauernden tunesischen Ausreiseformalitäten von der libyschen Seite unfreundlich in Empfang genommen worden, um gleich wieder nach Tunesien zurückgeschickt zu werden. Nachdem man einen kurzen Blick auf unsere Visa und die zur Beschaffung dieser notwendige persönliche Einladung geworfen hatte, stellte Libyen fest, dass es uns heute nicht mehr wollte. Wir sollten morgen wiederkommen, und am besten einen offiziellen Führer organisieren. Herr Gaddafi hatte offensichtlich Angst vor unbeaufsichtigt herumstreunenden Motorradfahrern, welche die Geheimnisse der Wüste ausspionieren könnten.

Mit Hilfe von Jamil, einem jungen Tunesier den wir am Abend vorher kennen lernten, hatten wir es sogar geschafft, einen staatlichen Aufpasser zu organisieren.

Am nächsten Nachmittag saßen wir wieder erwartungsvoll im Schatten des libyschen Zollhäuschens. Herr Abut war aus der Hauptstadt Tripolis mit seinem Auto auf dem Weg zu uns, um uns gegen die „kleine" Gebühr von 250 Dollar ins Land

8. März 2001: Unsere Freunde Stephan und Frank schicken uns mit gemischten Gefühlen auf die Reise. Ramona kann als Führerscheinneuling im Schnee kaum das Motorrad halten.

Zwei Wochen später: Das Zelt steht verbotenerweise im Niemandsland zwischen Tunesien und Libyen. Der Verlust unserer Pässe hätte hier beinahe das Ende der Reise bedeutet.

zu bringen. Wir hatten keine andere Wahl. Nachdem wir ihm unsere Pässe anvertraut hatten, bedeutete er uns mit vielversprechender Miene: "Don't worry, I'll be back in five minutes." Wir sollten ihn nie wiedersehen. Stattdessen kam der uns bereits bekannte Grenzbeamte zurück. Wutschnaubend fragt er uns, wie wir so dumm sein konnten, unsere Papiere wegzuwerfen. Zufällig hatte er sie im Vorübergehen im Rinnstein entdeckt. Wir reimen eins und eins zusammen. Herrn Abuts Mission war erfolglos und so hat er unsere Pässe kurzerhand in den nächsten Straßengraben geworfen, um sie loszuwerden.

Neben dem Ärger über unsere Naivität lastete die Ungewissheit auf unseren Nerven. Wie sollte es jetzt weitergehen? Die großen Afrikadurchquerer waren am ersten kleinen Grenzbeamten gescheitert. Einfach so Aufgeben ging nicht, zumal dies der einzige sichere Weg durch Afrikas Norden Richtung Ägypten war, von wo aus wir unsere Reise nilaufwärts durch den Sudan und Äthiopien bis hinunter ans Kap der Guten Hoffnung fortsetzen wollten. Wir zogen alle Register unserer Schauspielkunst: Betteln, Flehen, Witze erzählen, ärgerlich werden. Die mehr oder weniger kläglichen Versuche ließen die Libyer unbeeindruckt. Der Schlagbaum blieb verschlossen. Ein alter Tunesier unterbrach die hitzige Diskussion, indem er freundlich eine Frage stellte. Als Antwort bekam er vom libyschen Grenzbeamten eine schallende Ohrfeige. Schlagartig wachten wir auf. Das war hier kein Spiel. Doch Verzweiflung und Angst vor dem Scheitern trieben uns zum letzten Mittel. Unter Handschellenandrohung schlugen wir unser Zelt im Niemandsland vor den Augen der wegen unserer Sturheit jetzt wenigstens erstaunten Grenzer auf. Vielleicht ließ sich das Problem ja aussitzen. Wir hatten Zeit.

Schlafende Hunde - unsere Not in Libyen entpuppt sich bald als Glücksfall. Ohne den erzwungenen Umweg hätten wir neben vielen anderen Momenten auch diesen auf der Akropolis in Athen nicht erlebt.

Die Libyer hatten mehr. Nach schier endlosen Stunden sinnloser Diskussion müssen wir am nächsten Morgen die Ausweglosigkeit der Situation einsehen und mit der unfreiwilligen Drohung auf Begleitung von dannen ziehen. In der Hoffnung, dort ein Schiff nach Ägypten zu finden, fahren wir enttäuscht zurück nach Tunis. Fehlanzeige. Afrika hat uns geschlagen. Mit diesem Gefühl steigen wir auf die Fähre zurück nach Europa, genauer: nach Sizilien, denn von Griechenland soll es eine Fähre nach Alexandria geben.

Sizilien im März ist wunderschön. Überall grünt und blüht es. Dieser Umstand hilft uns, so ganz langsam (noch sind unsere Wettbewerbshirne so programmiert, dass Pläne gefälligst aufzugehen haben) zu begreifen, dass wir den unfreiwilligen Umweg ja auch als Chance sehen könnten. Aber die Lektion ist noch nicht zu Ende. Natürlich gibt es auch in Griechenland keine Fähre. Die wurde vor zehn Jahren eingestellt.

In Tunesien erhalten wir einen ersten Einblick in die arabische Welt und erfahren große Hilfsbereitschaft, u.a. von Jamil, einem Autoschlosser.

Cleopatras Insel - besser als seine Name kann man die Schönheit dieses Ortes im Westen der Türkei kaum beschreiben.

Zuversicht

Die Entscheidung ist gefallen. Wir geben den Versuch, ein Schiff zu finden, auf und fahren jetzt „einfach" nach Ägypten. Deshalb müssen wir in Athen neue Visa beschaffen. Die für Jordanien sind innerhalb von zwei Tagen problemlos zu bekommen. Syrien jedoch möchte uns nur mit einem Empfehlungsschreiben der Deutschen Botschaft haben. Frohen Mutes machen wir uns dorthin auf den Weg, suchen wir doch so etwas wie ein Stück Heimat in der Fremde auf, wo man uns sicher gerne hilft. So denken wir und begehen den ersten Fehler.

Es ist Freitagvormittag um elf. Das ist der zweite. Abgekämpft (die Anarchie des Athener Verkehrs soll später nur von wenigen mittelamerikanischen Städten übertroffen werden) stehen wir vor dem Haus mit dem Bundesadler. Mittels gründlichster Leibesvisitation stellt ein Schwerbewaffneter fest, dass wir nicht gedenken, Haus und Adler in den nächsten Minuten die Luft zu sprengen.

Der Hinweis sorgt für Unterhaltung und ein wenig Heimweh.

Dann hat man die Gnade, uns einzulassen. Ich muss quasi niederknien, um mit einem Schlitz, also dem Beamten dahinter, zu reden. So will man es wohl haben. Welch ein Unterschied zur Botschaft Jordaniens, wo wir zwei Stunden zuvor zum Plausch mit einem Tee auf dem dicken Teppich begrüßt wurden.

Doch es soll noch schlimmer kommen. Der Oberlehrer hinter der Mauer verbarrikadiert sich noch besser. Hinter einer Vorschrift. Diese besagt, dass er ein derartiges Schreiben nur an in Athen lebende Deutsche ausstellen könne. Wieso wir unsere Visa nicht schon in Deutschland beantragt hätten? Das wäre so üblich! Es ist mittlerweile Freitagmittag, was jeglichem Tatendrang in der Behörde sowieso ein jähes Ende bereitet. Das sagt unser Gegenüber allerdings nicht. Stattdessen rät er uns, am Montag wiederzukommen. Dann hätte er sich genauer erkundigt. Die Verzögerung sowie der erneute Weg quer durch das Verkehrschaos würden uns wenig stören, wenn unsere Visa für Ägypten und den Sudan, die wir uns bereits zuhause hatten ausstellen lassen, nicht auslaufen würden. Jeder Tag zählt. Außerdem naht langsam der Sommer, eine eher ungünstige Zeit, um die Sahara zu durchqueren.

Ein ganzes Wochenende lang haben wir Zeit, um uns mit den schlimmsten Drohungen und Argumenten zu bewaffnen. Derart gerüstet machen wir uns am Montagmorgen ein zweites Mal zur Botschaft auf. Ich bin fast ein wenig enttäuscht, als der Beamte völlig wortlos die Schreiben durch seinen Schlitz schiebt. Der Weg für einen neuen Anlauf nach Afrika ist frei.

Noch einmal verlassen wir Europa per Schiff, diesmal nach Asien. Die Türkei empfängt uns wohlwollend. Dieses große Land war für uns ein unbeschriebenes Blatt, hatten wir doch nie damit gerechnet, es zu durchqueren. Sobald wir im Hafen von Kusadasi ankommen, scheint das Leben förmlich zu explodieren. Es ist bunt, laut, exotisch. Der Schock, plötzlich Freiwild für alle Arten von Kleinunternehmern zu sein, ist nur kurz. Die Teppichhändler sind besonders hartnäckig. Und selber schuld. Bis man uns endlich glaubt, dass so ein Zwölf-Quadratmeter-Perser für unser Zelt einfach zu groß ist, haben wir einige Tassen ihres zum Kauf animierenden Tees weggetrunken.

Sobald die an Touristen gewohnte Küste hinter uns liegt, lernen wir die andere Seite des Landes kennen. Hirten ziehen durch einsame Berglandschaften. Täglich werden wir von den einfachsten Leuten mit einfachster, sprich: herzlicher Gastfreundschaft verwöhnt. Eines Abends haben wir Glück und können diese auch einmal zurückgeben. Wir kochen gerade Spaghetti. Ein neugieriger Junge kommt am Zelt vorbei, staunt über die weißen länglichen Dinger auf dem Kocher. Es ist offensichtlich, dass er die noch nie gesehen hat. Es braucht nur eine kurze Anleitung, wie man sie in den Mund kriegt, und schon macht er sich dankbar darüber her. Das größere Vergnügen liegt bei uns. Ich habe noch nie jemanden gesehen, der mit so großer Freude so einen großen Haufen Spaghetti in so kurzer Zeit weggeputzt hat.

Das Land fliegt an uns vorüber. Noch ehe wir begreifen, wie viel es zu bieten hat, erscheint die Grenze zu Syrien.

In Kappadokien hat man ganze Häuser samt Türen und Fenstern in den weichen Fels gemeißelt.

Wie im Märchen

Al Assad inklusive seines Gefolges empfängt uns freundlichst in Wort und Bild am Grenzgebäude. Da freuen wir uns natürlich. Später sollen wir erfahren, dass der Präsident seit einigen Jahren tot ist. Sehr willkommen haben wir uns in Syrien trotzdem gefühlt.

So soll es sein! Vor uns steht ein Glas zuckersüßen, dennoch leckeren Apfeltees, gereicht von den syrischen Grenzbeamten, sozusagen der Willkommenstrunk und die Einführung in die arabische Welt. Die Einreise dauert sehr lange. Erst, nachdem wir alle neugierigen Fragen über unser Leben in Deutschland beantwortet und noch einige der kleinen Gläser geleert haben, lässt man uns ein.

Minuten später zieht Syrien das nächste Register. Ausgehungert halten wir am Straßenrand, wollen den kläglichen Rest unseres Proviants essen. Aus dem Nichts tauchen plötzlich drei junge Männer auf und bringen uns ein gebratenes Hühnchen, dazu frisches Brot und kaltes (!) Wasser, für uns in diesem Moment alles Delikatessen. Bevor wir darüber nachdenken können, wo und warum sie die Labsal so schnell hergezaubert haben, geht das Programm weiter. Man kapert die armen müden Reisenden.

Mittlerweile hat sich die Kunde von den Fremden auf Motorrädern herumgesprochen. So kommt es, dass wir von einer immer größer werdenden Schar wie zum Staatsbesuch ins Dorf geleitet werden. Hier bricht ein Streit aus. Jeder will uns in seinem Haus haben. Um Schlimmeres zu verhindern, entscheiden wir uns einfach für den Nächststehenden als unseren Gastgeber. Welch ein Luxus.

Stolz führt uns der „Auserwählte" über einen großen Hof mit Ziegen zu einem Haus. An der Eingangstür erfahren wir, dass Männer und Frauen mit ihren Kindern den Abend normalerweise in getrennten Räumen verbringen. Da die Araber neugierig auf die motorradfahrende und ihr Weltbild ins Wanken bringende Frau sind, darf Ramona ausnahmsweise eine Weile bei den Männern sitzen. Es ist ein ständiges Kommen und Gehen der Dorfbewohner bis alle irgendwann einmal ihre Aufwartung gemacht haben. Mit überkreuzten Beinen sitzen wir auf dem mit dicken Teppichen ausgelegten Boden, trinken Tee und unterhalten uns trotz der sehr wenigen Brocken gemeinsamer englischer Sprache aufs Beste. Ab und zu bewirtet die schüchterne Dame des Hauses die Gäste. Sie trägt ein langes buntes Gewand. Der Kopf wird von einem schwarzen Schleier verhüllt. Nur ein paar dunkle, wegen des Geheimnisvollen umso interessanter wirkende Augen sind zu sehen. Als es schon lange dunkel ist, wird Ramona von einem jungen Mädchen zum Gemach mit den Frauen und Kindern geleitet. „Ich will Dich endlich erlösen." raunt sie ihr zu, „es muss schrecklich für dich gewesen sein, bei den Männern zu sitzen." Irgendeinen Haken muss es allerdings an dieser strikten Geschlechtertrennung geben. Hier scheint jede Familie wenigstens sechs Kinder zu haben.

Während unserer Reise durch Syrien hagelt es stets drei Standardfragen. Die erste lautet meist: „Seid Ihr Amerikaner?"

Aus Versehen landen wir beinahe im Libanon. Nur der aufgeregt aus seinem Zelt rennende Grenzbeamte lässt uns stoppen. Auf seinem einsamen Posten hat er nicht mit zwei naiven Ausländern wie uns gerechnet. Wir erklären ihm, dass uns die in der Ferne erkennbaren schneebedeckten Berge gelockt haben. Das stimmt sogar, ruft aber bei ihm nur ein ungläubiges Kopfschütteln hervor.

Fremdartig und spannend wie aus Tausendundeinernacht erleben wir den Besuch bei einer syrischen Familie.

Die Propagandamaschinerie funktioniert hier gut. Die Menschen teilen den Rest der Welt nur in zwei Kategorien ein: Amerikaner und Nichtamerikaner. Innerlich müssen wir darüber schmunzeln, dass man abseits der Politik auch anderen Arten der Propaganda sein Ohr leiht. Denn schwarze Limonade mit rotem Logo und große spritfressende, schaukelnde Autos sind überall zu finden. Trotzdem ist es einfacher, zur zweiten Kategorie zu gehören. Denn dann bekommen wir nur noch folgende, eher rhetorische zweite Frage zur Belohnung: „Seid Ihr verheiratet?" Eine kleine Notlüge muss jetzt sein. Ehrlichkeit würde uns nur in einen schlimmen Erklärungsnotstand bringen. Niemand könnte verstehen, wie man zusammen reisen und sogar in einem Zelt schlafen kann, ohne durch den Bund der Ehe dazu legitimiert zu sein. Und so folgt, was folgen muss, die dritte Frage: „Wie viele Kinder habt Ihr?" Wenn wir erklären, dass wir noch keinen Nachwuchs haben, schaut man uns jedes Mal mit mitleidigen Blicken an. Die besonders Mitleidigen beten, dass Allah helfen möge. Wir bitten ihn heimlich, dass er es lassen soll. „Offiziell" und um des Egos willen entschuldige ich uns damit, dass wir erst seit einem halben Jahr getraut wären. Das versteht Mann.

Zwangsstopp: Auch die Polizei übt sich in der Sitte der Gastfreundschaft. Eine der Routinekontrollen endet mit einer Einladung auf das Revier. Mich überrascht die Offenheit, mit der man uns begegnet. Wie in den arabischen Ländern üblich, gibt es zuckersüßen Pfefferminztee.

Kinder haben überall die geringste Scheu, sind am wenigsten von Voreingenommenheit belastet. Und sie haben die größte Neugier, auch hier im heißen Tal des Wadi Rum.

Tiefpunkt

Am der Hölle am nächsten gelegenen Punkt der Erdoberfläche, vierhundert Meter unter dem Meeresspiegel, ist es bereits heiß, sehr heiß. Und es wird ein Märchen wahr. Einfach aufs Wasser legen ohne unterzugehen – davon habe ich als Kind geträumt, vor allem als ich in 14 Grad „warmem" Wasser schwimmen lernen sollte. In Jordanien gibt es deshalb nur ein Ziel: Das Tote Meer. Ich kann es kaum erwarten, das versprochene Phänomen auszuprobieren. Weil die Flüssigkeit unter mir zu 34 Prozent aus Salz besteht, treibe ich wie ein Korken obendrauf und freue mich wie ein Schuljunge über sein Seepferdchenabzeichen – bei 28 Grad Celsius.

Nach der backsteinroten Wüste des Wadi Rum treffen wir auf das aquamarinblaue Rote Meer. Nach 4000 Kilometern Umweg ist unser Ziel endlich in Sichtweite: Ägypten. Doch obwohl die Sinai-Halbinsel nur noch ein paar Minuten auf der Straße entfernt ist, können wir nicht einfach hinfahren. Dazwischen liegt ein Stück flaches Land, verbotenes Land. Politik ist für den Geradeausdenker wieder einmal absurd. Noch einmal müssen wir in ein Boot steigen, um einen Streifen Wüste zu umschiffen. Der Streifen gehört zu Israel. Ein Stempel des Landes im Pass, oder anders ausgedrückt, ein paar Milligramm trockener Tinte, würden uns den Zutritt zum Arabischen Sudan verwehren. Der Weg in den Süden Afrikas wäre dadurch endgültig abgeschnitten.

Unten: Die malerische Abendstimmung trügt. Während wir am einsamen Ufer des Toten Meeres zelten, ist drüben, nur ein paar Kilometer weiter auf der anderen Seite des Gewässers im Westjordanland, die Lage so ganz anders, als es die friedliche Stimmung vermuten lässt.

Ganz unten: Arabische Bademoden hätten uns wohl vor dem Sonnenbrand bewahrt, den wir uns auf dem Wasser des Toten Meeres liegend holen.

Böses Erwachen

Ägypten liegt zum Greifen nahe. Schon seit neun Stunden schaukelt unsere Fähre auf der Stelle. Der rettende Hafen von Nuweiba ist nur 500 Meter entfernt. Keiner der Passagiere kennt den Grund der Verzögerung. Kurz vor Mitternacht taucht ein kleines Boot auf. Ein dunkelhäutiger Mann steigt an Bord. Er soll uns in den Hafen lotsen. Wie sich herausstellt, wollte der Kapitän aufgrund der starken Brandung kein Risiko eingehen, das Geld für einen Lotsen aber vorerst auch nicht ausgeben. Lieber ließ er 50 Leute einen halben Tag bei 35 Grad schmoren. Einmal mehr werden wir daran erinnert, wie bedeutungslos das Wort „Zeit" in der arabischen Welt ist.

Unsere Hoffnung auf eine schnelle Zollabfertigung der späten Stunde wegen macht der übermüdete Beamte ganz schnell zunichte. Nach ewiger Prozedur und langem Feilschen um Bakschisch, bei der wir gegen die Profis meist den Kürzeren ziehen, verlassen wir gegen vier Uhr morgens todmüde den Zoll und legen uns im Hafen zwischen zwei Containern schlafen.

Das frische Blut lockt. Sofort macht sich ein Schwarm Moskitos über uns her. Zwei Stunden später piesackt ein größerer Stachel: Ein Gewehrkolben stößt mich in die Seite. Der dazu gehörige Polizist schreit: „Passports!" Dem netten Willkommensgruß folgt eine Aufforderung zu verschwinden. Nicht seine metallene Penisverlängerung sondern unser desolater Zustand lässt uns diese Behandlung wortlos hinnehmen und verschwinden.

Die einsamen und kargen Berge des Sinai können uns nicht zu längerem Verweilen animieren. Zurück an der mit Vorfreude bedachten Küste warten wenig einladende Schilder: Aufschrift „MINENFELD"–Zeugen des Krieges gegen Israel. Eine Brücke bringt uns über den Suezkanal. Wir sind wieder in Afrika. Doch Ägypten zankt weiter. Eine der vielen Straßenkontrollen will uns ohne Polizeikonvoi nicht weiterfahren lassen. Die Angst der Polizei vor Anschlägen auf Touristen ist überall spürbar. Das Land hängt am Tropf dieser Einnahmen. Die Abhängigkeit würde für uns vier Stunden Warterei in sengender Hitze und Zeltplatzsuche bei Nacht bedeuten, was wir für unsere Gesundheit – auf Ägypten nehmen wir nach dem Empfang keine Rücksicht mehr – für viel gefährlicher halten. Wir geben vor umzukehren und umfahren den Posten entlang eines trockenen Flussbettes. Das Zelt steht unter sternenklarem Himmel. Kurz, aber nur ganz kurz, kommen Gedanken an die Terroristen auf. Die absolute Einsamkeit und der naturgegebene Frieden der Wüste gewinnen schnell die Oberhand. Das großartige Gefühl, endlich in Afrika angekommen zu sein, stellt sich allmählich ein, überdeckt die zweifelnden, ängstlichen Gedanken.

Auf den „verbotenen" Straßen Ägyptens bleiben wir von Polizeikontrollen verschont. Dafür läuft das wahre Leben hier zu Höchstform auf.

Entlang des von Palmen gesäumten Nil folgen wir einer für Touristen gesperrten und deshalb kontrollfreien Straße flussaufwärts. Unsere Augen laben sich am saftigen Grün der bestellten Felder. Hier ist kein Flecken Erde ungenutzt. Das Nilwasser macht es möglich. In der Nähe eines Dorfes schauen wir uns nach einem geeigneten Plätzchen für die Nacht um. Sofort umringt uns eine laut durcheinander rufende Menschenmenge. Ein junger Mann, er entpuppt sich als der Englischlehrer, nimmt uns in seine Obhut. So landen wir kurz vor Mitternacht, nach einigen Runden Tee und vielen, vielen beantworteten Fragen, auf zwei Holzbänken im „Festsaal" des Dorfes. In dem Lehmgebäude finden ansonsten Schule, Hochzeiten und Trauerfeiern statt.

Wir sind gerade eingeschlafen, als es laut gegen die Tür hämmert. Draußen steht die Polizei. Todmüde lassen wir uns auf eine langwierige Diskussion ein. Irgendwann entkräften wir das Argument des bewaffneten Polizisten, dass wir hier nicht sicher seien und auf die Wache mitkommen müssten, einfach damit, dass wir ihn sanft, aber bestimmt, zur Tür hinausschieben und den Eingang mit unseren Motorrädern verbarrikadieren. Völlig geschafft schlafen wir ein, um am nächsten Morgen erstaunt und auch ein wenig beschämt festzustellen, dass die Polizisten die ganze Nacht vor unserer Tür ausgeharrt haben, um uns zu beschützen.

Das Thermometer zeigt 52 Grad über dem Asphalt, als wir in Assuan im Süden Ägyptens ankommen. Hier ist der Nil durch einen riesigen Damm gestaut. Die Umgebung hat man zum militärischen Sperrgebiet erklärt. Ein Dammbruch würde fast die komplette Bevölkerung des Landes (sie ballt sich entlang des Niltales) ins Mittelmeer spülen. Ein Grund für Politik und Paranoia, uns wieder einmal den Landweg durch die Wüste zu versperren.

Gestürzt

Ein bisschen mehr als nichts – so nannte ein Ägypter Wadi Halfa, unseren Ankunftsort im Sudan. Die Beschreibung passt. Nach eineinhalb Tagen Fahrt über den Stausee legt unser Schiff zwischen den paar verstaubten, mitten in der Wüste verloren wirkenden Häusern an. Obwohl ausreichend Wasser vorhanden ist, wird hier, am Südende des Nasser Sees, im Gegensatz zu Ägypten kaum Landwirtschaft betrieben. Ich staune, welche Strapazen die Sudanesen stattdessen

Oben: So schön kann Einsamkeit sein. Wie in Trance fliegen wir über den Sand der Nubischen Wüste.

Unten: So deprimierend kann sie auch sein. Bei gefühlten 100 Grad ist der Schatten des Motorrades der Einzige. Das Foto zeigt den Moment, in dem wir nach einem Sturz die Entscheidung treffen, nicht mehr weiter zu fahren.

auf sich nehmen, um Grundnahrungsmittel und einfachste Gebrauchsgegenstände aus Ägypten einzuführen. Unter Einsatz einer Menschenkette aus Tagelöhnern werden kistenweise Äpfel, Eier, Schüsseln, Plastikstühle und Teppiche von Bord geschleppt.

Die drückende Hitze und die Enge auf dem Schiff waren eine Tortur. Vor allem weil wir wegen heftigen Durchfalls einen kühlen Schlafplatz und eine brauchbare(!) Toilette nötig gehabt hätten. Jetzt wollen wir nur noch los, die Wüste durchqueren. Ein Ägypter sieht die bepackten Motorräder und warnt uns, die nächsten 600 Kilometer bis Atbara auf eigene Faust zurückzulegen. Der Weg führt durch die fast menschenleere Nubische Wüste.

Der Rat ist zu eindringlich, als dass wir ihn ignorieren könnten. Die Vernunft gebietet, den alten englischen Zug zu nehmen, der hier einmal pro Woche durch die Wüste fährt. Nach zweitägiger Verspätung ist noch nichts von einem Zug zu sehen. Die Vernunft schmilzt während des Wartens in brütender Sonne dahin. Wir wollen fahren. So ganz können wir das dann doch nicht selbst verantworten und werfen eine Münze. Kopf: Warten, Zahl: Losfahren. Der Kopf verliert. Noch am gleichen Abend fliegen wir mit den Motorrädern über den Sand, der untergehenden Sonne entgegen. Der Enthusiasmus des ersten Tages lässt uns siebzig Kilometer schaffen.

Anderntags sind wir schon im ersten Dämmerlicht unterwegs. Die angenehme Kühle der Morgenstunden ist gnädig. Die Strecke ist es nicht. Manchmal ist der Sand topfeben und wir fahren wie im Rausch durch die unberührte Wüste. Dann wieder wird er weich und tückisch oder ist mit scharfen Steinen durchsetzt. Hier kostet jeder Kilometer enorm viel Kraft, nicht zuletzt deshalb, weil wir das Fahren auf solchem Geläuf nicht gewohnt sind. Die Sonne brennt ab neun Uhr unbarmherzig, unsere ausgetrockneten Kehlen lechzen ständig nach Wasser. Vierzig Liter sind aufs Motorrad verteilt. Wie lange wir bis zur nächsten Wasserstelle brauchen werden, wissen wir nicht.

Nach 140 Kilometern kräftezehrender Fahrt, meist im Stehen, weil sich so das Motorrad besser ausbalancieren lässt, bietet sich uns ein unwirklicher Anblick: Ein Baum in der Wüste. Nein, er ist keine Fata Morgana. Wir haben Station 6 der Eisenbahnlinie erreicht. Der einzelne Baum und die paar alten Gebäude mit den dazwischen stehenden Kamelen wirken wie eine Filmkulisse. Ein paar freundliche Bewohner kommen herbei. Fast väterlich nehmen sie uns unter ihre Fittiche. Wir dürfen nicht weiterfahren, bevor die Sonne nicht tiefer steht. Ein kleiner Junge schleppt zwei Liegen herbei. Man bedeutet uns, ein Schläfchen zu halten, damit wir wieder zu Kräften kommen.

Unsere Rettung – einsam und surreal liegt die Bahnstation Nr.6 in der Sahara. Sie ist das erste Zeichen von Zivilisation nach 200 Kilometern Wüste.

Nachdem die Temperaturen etwas erträglicher geworden sind, fahren wir eher widerwillig weiter. Die Geborgenheit unter diesen Menschen hat gut getan. Mit unseren Kräften ist es nicht mehr weit her. Es kommt, wie es kommen musste. Eine Düne wird Ramona zum Verhängnis. Ihr Vorderrad gräbt sich im Sand ein, so dass sie einen Salto über den Lenker schlägt. Eine leichte Gehirnerschütterung und ein paar Prellungen sind das Resultat der unfreiwilligen Energieumwandlung. Es hätte schlimmer kommen können.

Das Nachgeben fällt leicht. Etwas angeschlagen kehren wir zu unseren Fürsorgern von Station 6 zurück.

Nach durchwachter Nacht hören wir um drei Uhr morgens den Zug heranrattern. Es kostet einiges an Überzeugungsarbeit, damit man uns unvorhergesehene Passagiere und die Motorräder zu einem fairen Preis mitnimmt.

Gute Taten zahlen sich aus. Diese bereits am nächsten Tag. Aus Richtung Lok vernehmen wir ein lautes Krachen. Im gleichen Moment kommt der vorher mit 30 km/h auf uralten englischen Schienen dahinschaukelnde Zug mitten in der Wüste abrupt zum Stehen. Motorschaden. Die Sudanesen

Öffentlicher Nahverkehr in der Sahelzone des Sudan – Auszug aus den Beförderungsbedingungen: Es besteht Anrecht auf einen Sitzplatz.

steigen aus, machen es sich unter den Bäumen am Nil bequem. Für sie ist so ein Fall nichts Ungewöhnliches. Der Lokführer erinnert sich an zwei Motorräder im Bauch seines Zuges und bittet mich, zur nächsten, elf Kilometer entfernten, Bahnstation zu fahren. Über das Gleisbett holpere ich mit einem Bediensteten auf dem Rücksitz in die angegebene Richtung. Die „Bahnstation" besteht aus einem Lehmhäuschen in der Wüste. Mein Begleiter holt eine Batterie unter einer Holzbank hervor und schließt ein Telefon an. Und was für eines! Das zweihundert Jahre alte Teil wird wie im besten Western noch per Kurbel betrieben. Aber es funktioniert.

Ich kann es nicht vermeiden, mich bei der Rückkehr ein wenig wie ein Held zu fühlen, als mir zahlreiche Mitreisende aus Dank die Hände schütteln wollen. Die Ersatzlokomotive schnaubt erstaunlicherweise noch am gleichen Tag heran, sodass der Zug nach 600 Kilometern mit nur fünftägiger Verspätung in Atbara eintrifft.

Ab hier gibt es sogar ein Stück Asphaltstraße bis Karthoum. Südlich der Hauptstadt lassen wir die Sahara langsam hinter uns und erleben sogleich den ersten Regen seit Deutschland. Die Erfrischung nach der Hitze tut gut. Die Aussicht ist schlecht. Der Schauer kündigt die nahende Regenzeit an, was für das Weiterkommen in den Bergen des äthiopischen Hochlandes neue Herausforderungen verheißt.

Nubischer Kamelhirte

Gefangen

Die Regenzeit wartet noch. Dafür hält Äthiopien andere Prüfungen parat. Als ob man geradewegs in einen Backofen hineinfährt – so fühlt es sich an, als wir uns die katastrophale, aus faustgroßen Schottersteinen bestehende Piste in das Tal des Blauen Nil hinabkämpfen. Unzählige Kurven führen zum Boden dieser 1500 Meter tief ins Äthiopische Hochland gefrästen Schlucht. Unten steht die Luft. Wegen des gewaltigen Höhenunterschieds steigen die Temperaturen rasant von angenehmen 25 auf über 40 Grad Celsius. Die Bedingungen fordern ihren Tribut. Alle paar Kilometer musste einer der in die Jahre gekommenen Lkw mit gebrochenen Achsen, geplatzten Reifen oder wegen Kreislaufkollaps aufgeben. Wir haben mehr Glück und brauchen „nur" zwei Stunden, um auf die andere Seite des Flusses zu kommen und das Hochland auf der anderen Seite zu erklimmen.

Die Hauptstadt Addis Abeba ist ein Schock. Hier ist das Gefälle innerhalb der Gesellschaft noch viel stärker, als die Wände des Niltales je sein könnten. Obwohl wir jetzt schon eine Weile in Afrika unterwegs sind, schaffen es die hiesigen Zustände, uns aus dem Gleichgewicht zu bringen. Bettler, die diesen Namen wirklich verdient haben, schleppen sich an jeder Ampelkreuzung vor die Reichtum verkündenden Blechkisten. Meist fehlen Arme, Beine und/oder das halbe Gesicht – unter anderem Spuren des Krieges mit Eritrea. Nur wenige Meter vom noblen Sheraton Hotel entfernt, wo die großen Geländewagen der UN-Hilfsorganisationen ein- und ausfahren, leben und sterben erbärmlich aussehende Kreaturen im Straßengraben. Die Leichen werden täglich dem Stadtbild zuliebe in den frühen Morgenstunden mit einem Lastauto entsorgt. Dieses Elend ist schwer zu ertragen. Wir sind froh, Addis verlassen und wieder aufs Land fahren zu können. Dort ist die Armut nicht so groß. Und sie fällt vor allem weniger auf.

Grüne Savanne und Regenwald wechseln sich auf dem Weg nach Süden ab. Im Städtchen Arba Minch füllen wir jeden verfügbaren Hohlraum mit Benzin. Wenn wir den vagen Beschreibungen glauben können, ist die nächste Versorgungsmöglichkeit 700 Kilometer entfernt.

Bis zum Bersten bepackt machen wir uns auf den ungewissen Weg in den Busch. Je weiter wir nach Südosten vordringen, desto einsamer und menschenleerer wird die Gegend. Wir wollen uns bereits wie die ersten Afrikaforscher fühlen, so unberührt erscheint das Land. Doch auf das Hoch folgt ein gewaltiges Tief.

Kurz vor Überquerung der Kenianischen Grenze werden wir in der Nähe eines Strohhüttendorfes von einem bewaffneten Krieger gestoppt.

Oben: Hinter dem Zaun in der runden Lehmhütte befindet sich die äthiopische Einwanderungsbehörde.

Unten: In den Ortschaften verursacht unser Erscheinen oft Menschenaufläufe.

Rechts: „Willkommen in Debark! Vorsicht AIDS!" So warnt und begrüßt ein Dorf im Hochland auf sarkastische Weise die Durchreisenden.
Der verhärmt-kranke Anblick des Jungen will leider nur zu gut zu Debarks Willkommensgruß passen.

Äthiopien kommt uns oft sehr finster vor, wie hier auf dem größten Markt Afrikas in der Hauptstadt Addis Abeba. Der Mann in der Bildmitte scheint ein schlechtes Gewissen zu haben. Sobald er meine Kamera sieht, rennt er los.

Das scheint uns noch nichts Besonderes, da wir oft Männer mit Kalaschnikow-Maschinengewehren, einem Überbleibsel der äthiopisch-russischen „Freundschaft", durch die Gegend wandern sahen. Normalerweise sind die Leute nur neugierig. Diesmal kommt es anders. Die Augen des Mannes blicken aggressiv, feindselig. Seine Worte, von denen wir keines verstehen, verstärken diesen Eindruck. Er will etwas von uns. Es dauert nicht lange und wir sind von unzähligen Menschen umringt – Frauen, Kinder und weitere 20 kriegerisch aussehende, bewaffnete Männer. Man schreit auf uns ein. Wir verstehen nur "Birr" (äthiopische Währung). Angesichts der bedrohlichen Situation sind wir sofort bereit, uns mit unserem letzten äthiopischen Geld „frei" zu kaufen und kramen dies aus unseren Taschen. Ein Fehler. Denn jetzt entbrennt ein Streit darum.

Die Lage eskaliert. Eine Mutter zeigt Ramona ihr furchtbar entstelltes, in eine rot karierte Decke gewickeltes Baby. Sein Gesicht ist voller eitriger Geschwüre, die Augen zugeschwollen. Die Frau will Arznei. Wir sollen helfen. Aber wie? Wir sind gerade selbst sehr sehr hilflos.

Die Menschen drängen sich um uns, zwischen uns. Wir verlieren Blickkontakt. Unzählige Hände versuchen, unsere Taschen zu durchsuchen. Ich sehe, wie sich jemand an unseren Benzinkanistern zu schaffen macht, kann aber nicht verhindern, dass sie gestohlen werden. Selbst die Kinder werden von der schlimmen Stimmung angesteckt und schlagen mit kleinen Holzstöcken auf uns ein. Die Frau mit dem kranken Kind kratzt Ramona aus Wut mit ihren Fingernägeln Hände und Arme blutig. Ich blicke in den Lauf einer Kalaschnikow und fühle mich so hilflos wie nie zuvor. Unbrauchbare, sinnlose Gedanken schießen durch den Kopf: „Niemand weiß, wo wir sind. Was geschieht mit den Gefangenen eines äthiopischen Stammes? Hier könnte man sehr leicht für immer verschwinden."

Ich versuche, auf Zeit zu spielen, zu beruhigen. Etwas anderes bleibt uns sowieso nicht übrig. Doch es beruhigt sich nichts. Im Gegenteil. Ein Krieger ist ein Krieger. Nun streiten sich die Bewaffneten untereinander. Offensichtlich geht es um die Verteilung der Beute. Binnen Sekunden sind die Gewehre entsichert, ein Geräusch, das mir noch lange im Gedächtnis haften bleiben wird. Unbewaffnete Frauen und Kinder werfen sich schutzsuchend auf den Boden. Sie kennen ihre Männer. Wir sitzen noch immer auf unseren Motorrädern, geben mit Sicherheit ein grotesk dämliches Bild ab. Keiner lacht. Wenn sich jetzt ein Schuss lösen würde...

Das Entsetzen lähmt. Zum Glück. Kurze Gedanken an Flucht werden gleich wieder verworfen. Das Gelände ist schwierig, die sandige Ebene über und über mit Dornbüschen gespickt. Wir kämen nicht weit. Die Aufgeputschten hätten ein einfaches Ziel.

In diesem schlimmsten aller Momente taucht ein mit einer Hose bekleideter Mann (die Krieger tragen nur einen Lendenschurz aus Leder und Ketten aus Raubtierzähnen) auf. Auch er hält sich an einem Gewehr fest und ist, wie sich herausstellt, Polizist. Wir setzen all unsere Hoffnung in ihn, bitten, flehen an. Doch auch er hat deutlich sichtbare Angst vor der aufgeputschten Menge. Doch mehr Hilfe naht. Von der Aufruhr angelockt, kommen zwei weitere Gesetzeshüter. Sie scheinen eine gewisse Autorität zu haben, wenn auch nicht viel. Denn die Waffen werden auf beiden Seiten erneut entsichert und angelegt. Nach langer Überzeugungsarbeit geben uns die Polizisten zu verstehen, dass wir sie auf die Polizeistation begleiten sollen.

Doch die Krieger wollen ihre schon sicher geglaubte Beute nicht so einfach freigeben. Als ich mein Motorrad starte, stürzen sich sofort zwei Männer darauf und setzen sich oben auf die Packsäcke. Zwei weitere stehen links und rechts auf den Alukoffern. Ich bin erobert. Sicher wieder ein unglaublicher Anblick! Doch mir kommt in diesem Moment der absurdeste und gleichzeitig rationalste aller Gedanken: „Die Idioten brechen meine Koffer ab!" Das Hirn funktioniert

Das Hochland Äthiopiens ist kalt. Deshalb wird jedes Stück getragen, wenn und solange es irgendwie wärmt.

Die Regenzeit hat die Savannenlandschaft in üppiges Grün getaucht. Hier wirkt Äthiopien am Freundlichsten. Wir befinden uns im Rift Valley, ein geologischer Graben, der sich fast durch ganz Afrika von Jordanien bis Malawi zieht.

noch erstaunlich logisch und lässt mich und mein Motorrad inklusive Eroberer einfach umkippen.

Nach erneuter, schier endloser Diskussion einigt man sich schließlich darauf, uns die Motorräder bis zur Polizeistation ohne Besatzung schieben zu lassen. Das ist aufgrund des weichen Sandes aber unmöglich, was der gemeine Krieger natürlich nicht versteht. Neue Verhandlung. Am späten Nachmittag geht es dann doch motorgetrieben zur Polizeistation am Ende des Dorfes. Hinter mir sitzt, wie von einem phantasielosen Drehbuchautor geschrieben, ein Polizist mit durchgeladenem Gewehr rücklings auf dem Motorrad und hält die Menge in Schach. Ramona schafft es irgendwie, hinterherzukommen und schüttelt die Meute ab.

Die Polizeistation ist – gelinde ausgedrückt – entmutigend. Sie besteht aus vier, von einer kniehohen Dornenhecke umgebenen, Wellblechunterständen. Die Psychofolter geht weiter. „Auf den Boden setzen und den Mund halten!", lautet der Befehl für uns. Mittlerweile sind die Dorfältesten herbeigekommen. Man versammelt sich in einem Kreis auf dem Boden und verhandelt mit den Polizisten. Es wird quasi Tribunal über uns gehalten. Wir sitzen ängstlich und hilflos daneben.

Kurz vor Einbruch der Dunkelheit hat endlich jemand eine Lösung parat. Die kommt von oben, in Form eines heftigen Regengusses. Der sprengt die Runde. Auch die letzten Neugierigen verschwinden in ihren Strohhütten. Stunden später überprüfen

die Polizisten im Schein eines Lagerfeuers unsere Pässe und Visa. Ein Skorpion rennt währenddessen vor meinen Füssen durch den Sand. Unsere Retter diskutieren, was mit uns geschehen soll. Der Älteste entscheidet: Am Morgen, kurz bevor es hell wird, sollen wir so leise wie möglich Richtung Kenianische Grenze aufbrechen. Man weist uns den Weg. Wir spannen ein Moskitonetz zwischen den Motorrädern auf und verbringen, von den Ereignissen des Tages deutlich gezeichnet, eine schlaflose Nacht unter dem klaren Himmel Äthiopiens.

Als wir am nächsten Morgen unsere Mopeds so geräuschlos wie möglich aus der Polizeistation schieben wollen, erleben wir eine böse Überraschung. Die gestern noch so hilfsbereite Polizei versperrt uns mit ernster Miene und erhobenen Waffen den Weg. Niemand scheint mehr Englisch zu sprechen. Wir dürfen nicht nach Kenia ausreisen, sollen die 350 Kilometer lange Wellblechpiste nach Arba Minch zurückfahren und von dort aus weiter sehen. Schon der Gedanke, noch länger in Äthiopien bleiben zu müssen, ist der reinste Horror. Wir wollen nur noch raus. Dann begreifen wir. Die vier Polizisten hätten auch gerne ein Stück vom Kuchen. Sie bleiben dabei sehr bescheiden. Unsere Freiheit kostet 40 Euro, zehn pro Polizist. Ein Schnäppchen, selten war Geld besser angelegt.

Das Gelände ist schwierig. Doch Angst setzt Energien frei. Wie von der Tarantel gestochen fahren wir die nächsten Kilometer ohne anzuhalten. Zwei Reifenspuren im Sand und die Kompassnadel sind unser Wegweiser. Sie weisen nach Süden, Richtung Kenia, Richtung Hoffnung.

Oben: Im Städtchen Arba Minch müssen wir den reißenden Fluss auf dieser wackligen Fußgängerbrücke überqueren. Auf der anderen Seite beginnt die Omo Region, ein sehr abgelegener Teil Äthiopiens, wo die verschiedenen Stämme noch sehr traditionell leben.

Unten: In Europa einfache Dinge, wie der Nachschub von Trinkwasser, können in Afrika zu einer tagesfüllenden Aufgabe werden. Oft wird das kostbare Gut kilometerweit durch die Gegend geschleppt.

Rechts: Übergewicht ist im Busch kein Problem. Die Grundnahrung, ein Gemisch aus Milch und Rinderblut, und die körperlichen Einsatz fordernden Lebensumstände lassen die Stämme im Norden Kenias sehr drahtig aussehen.

Im Herz Afrikas

Inmitten der Dornsträucher der Halbwüste steht ein einsames Haus. Es unterscheidet sich von den Lehmhütten der äthiopischen Dörfer durch ein Dach aus Blech. Das sieht nach Zivilisation aus und erscheint uns nach den Schrecken von gestern wie die Rettung. Das Absurde – ein Blechdach als Erlösung – fällt mir in diesem Moment nicht auf. Laut Karte müssten wir in Kenia stehen. Ein Weißer tritt aus der Tür. Bevor wir etwas anderes sagen, lassen wir uns zwei Mal versichern, wirklich aus Äthiopien draußen zu sein. Collin ist Missionar und versucht die sehr traditionell lebenden Stämme dieser Gegend zu bekehren. Was mir sonst suspekt erscheinen würde, ist mir gerade recht egal. Ich bin einfach nur froh, „entkommen" zu sein.

Wir brauchen eine Pause vom wilden Afrika und bauen unser Zelt in der Nähe zum Blechdach auf, kochen morgens um acht eine Beutelsuppe. Danach helfe ich Collin zur Ablenkung der Nerven beim Bau einer kleinen Krankenstation. Außerdem muss eine gute Tat her, um den Kredit an Glück nicht noch höher zu belasten. Meine Rechnung ist zu offensichtlich, denn noch am selben Abend rutschen wir wieder tief ins Soll: Als Belohnung gibt es über einem Holzfeuer gegrillte Ziege und selbstgebackenes, frisches Brot – nach den kargen Rationen der letzten Tage ein unvorstellbarer Genuss. Nur gut, dass wir zu diesem Zeitpunkt noch nichts von den nächsten Tagen ahnen.

Unmittelbar nach unserem Aufbruch verspricht eine tief verspurte Sandpiste einen harten Tag. Oft ist sie nur im ersten Gang zu bewältigen, verlangt in einer der heißesten Gegenden Afrikas unserer Kondition alles ab. Links und rechts greifen mit spitzen Dornen gespickte Büsche nach unseren Armen. Doch das schwierigste ist, die Psyche im Zaum zu halten. Die Ungewissheit, ob unsere Reserven an Wasser, Sprit und Kraft in dieser Einsamkeit auch weit genug reichen, nagt an den Nerven. Nach einem ganzen Tag Sandwühlerei liegen gerade mal 60 Kilometer hinter uns.

Drei Tage und 250 Kilometer später erreichen wir mit den letzten Benzin- und Wasserreserven wieder bewohntes Gebiet – und zwar ein ganz spezielles. Hier schlägt das Herz Afrikas. Die Gegend am Südende des Turkanasees beheimatet vier, von der modernen Zivilisation noch relativ

unberührte Naturvölker: die Fischer vom El-Molo Stamm, die stolzen Samburu, die Viehhirten der Rendille und die kriegerischen Turkana, deren Männern nach Tötung eines Feindes entweder die linke oder rechte Schulter tätowiert wird, je nachdem ob es sich um einen weiblichen oder einen männlichen Gegner handelt. Jedes Volk trägt andere bunte Gewänder und Frisuren. Die sind oft mit Lehm und Federn verziert. Das ist Afrika, wie in meinen schönsten Phantasien, nur besser. Und echt.

Sobald der Turkanasee und damit der tiefe Graben des Rift Valley hinter uns liegt, verwandelt sich die Halbwüste in Regenwald, was eine sehr willkommene Abwechslung ist und neue Schwierigkeiten in den Weg legt. In den Bergen werden wir von einem heftigen Regenguss überrascht. Die steile Lehmpiste wird glatt wie Schmierseife und sofort unpassierbar. Der Wald bietet zum Glück Versteck für Motorräder und Zelt.

Am nächsten Tag erreichen wir die erste größere Ortschaft seit mehr als einer Woche. Maralal besteht zwar nur aus ein paar bunt bemalten Holzhäusern. Eigentlich will es der Abenteurer in mir nicht wahrhaben – aber selbst die tun der Seele gut. Nach den Härten der letzten Tage brauche ich gemeinsame Sprache, Gesellschaft, Zivilisation. Im „besten Gasthaus südlich der Sahara“, so sagt zumindest das Schild vor der Bretterhütte, teilt man uns besorgt mit, dass nur wenige Kilometer von unserem gestrigen Nachtlager entfernt vor einer Woche Einheimische von Viehdieben überfallen und umgebracht worden waren. Und wir hatten uns so sicher gefühlt.

Auf viel angenehmere Kriminalität stoßen wir am Mount Kenia. Ein paar junge Männer sitzen mit verklärten Gesichtern am Straßenrand und halten Laubbüschel in der Hand. „Do you want to buy drugs?“, fragen sie höchst angeberisch. Das stachelt an. Ich schaue zweifelnd auf ihr Laub und darf probieren.

Oben: Das Hardrock Café im nordkenianischen Dorf Maralal hat wenig mit der gleichnamigen Restaurantkette gemein. Die Klientel ist auch eine andere. Die Jungs vom Stamm der Samburu inspizieren neugierig unser Übergepäck.

Unten: Piste während der Regenzeit.

Rechts oben: Flamingoschwärme bevölkern die Seen des Rift Valley in Kenia und lassen diese von oben betrachtet kitschig pink aussehen.

Rechts unten: Aus größerer Entfernung wirken die Giraffen fast wie Dinosaurier. Sie bewegen sich allerdings ungleich graziler.

Es handelt sich um Miraa, ein in Kenia legales, amphetaminähnliches Rauschmittel, das in dieser Gegend gedeiht. Buschpiloten riskieren Kopf und Kragen, um die begehrte Wunderpflanze von Kenia ins bürgerkriegsgeschüttelte Somalia zu fliegen. Um ihre volle Wirksamkeit entfalten zu können, muss sie spätestens 24 Stunden nach der Ernte gekaut werden. Entweder bin ich für derartige Freuden zu unsensibel oder die Probe muss über dem Verfallsdatum liegen. Bei mir tut sich gar nichts.

An der Hauptstraße nach Nairobi wird das Geld auf so unglaubliche Weise härter verdient. Zunächst wundern wir uns über hunderte kleiner Steinpyramiden entlang einer holprigen Straße. Einige Kilometer weiter folgt des Rätsels Lösung: Männer und Frauen sitzen am Straßenrand und zerklopfen mit einem Hammer fußballgroße Felsbrocken. Vor sich haben sie eine Blechschablone stehen. Passt ein Stück durch das kreisrunde Loch, darf er auf die Pyramide maßhaltiger Steine gelegt werden.

Ich halte an und muss einfach fragen. „Die Haufen sind Schotter für den Straßenbau. Je nach Anzahl der Pyramiden beträgt der Tagesverdienst ungefähr einen Euro", wird uns berichtet. Meine Neugier wird bestraft. Die Gegenfrage, wieviel die Motorräder kosten, zwingt mich zu einer Lüge (ich mache sie sehr viel billiger) und einem schlechten Gewissen (nicht wegen der Lüge).

Laut Karte müssten wir nur noch wenige Kilometer vom Kilimandscharo entfernt sein, welcher sich aber hinter einer dichten Wolkenwand versteckt hält. Da es bereits zu dämmern beginnt, schlagen wir unser Zelt kurzerhand unter den neugierigen Blicken von einigen Zebras und Antilopen auf. Die Angst vor deren natürlichen Feinden zeltet mit.

Die Nacht verläuft unruhig. Zu spannend sind die nächtlichen Geräusche in Afrikas Busch. Fernes Löwengebrüll ist nur ein kleiner Teil des Konzerts. Beim ersten Lichtschein luge ich aus dem Zelt. Der Anblick entschädigt für jeden Tropfen vergossenen Schweißes und für jeden ängstlichen Gedanken der letzten drei Monate. In orangerot leuchtet vor mir die schneebedeckte Kuppe des höchsten Berges Afrikas. Der Rest des knapp sechstausend Meter hohen Vulkans liegt noch im Halbdunkel der Dämmerung. Langsam werden die letzten Wolken vom Wind davongeblasen und der Kilimand-

scharo erhebt sich in seiner ganzen Pracht aus der Landschaft, erscheint ob der schieren Größe zum Greifen nah.

Auf einer der seltenen Asphaltstraßen geht es nach Westen, Richtung Uganda. Hier machen die Wegelagerer fette Beute. Die Polizeikontrollen laufen immer nach dem gleichen Schema ab. Schwer in die Jahre gekommene Kleinbusse, in Kenia Matatus genannt, sind das öffentliche Transportmittel im Land und immer heillos überladen. Neben einer riesigen Gepäcklawine auf dem Dach und mindestens 20 zusammengepferchten Insassen werden auch noch drei Leute stehend auf der hinteren Stoßstange platziert. Die Fahrer sind aus diesen und vielen anderen Gründen ideale Opfer zur Aufbesserung eines geringen Polizistensoldes.

Eine vom Regen ausgewaschene Lehmpiste führt uns durch eine vor Fruchtbarkeit schier explodierende Landschaft um den Vulkan Mount Elgon zur Grenze mit Uganda. Hier herrscht Mister Muwanga. Nachdem er unsere Pässe überprüft und festgestellt hat, dass wir weder über einen Einreisestempel noch gültige Visa verfügen, schaut er uns mit unheilvollen Blicken an. Das Leuchten in seinen Augen straft diese jedoch Lügen. Es kündet von einem guten Geschäft.

Unsere halbherzigen Erklärungsversuche hinsichtlich des schwierigen Grenzübertritts von Äthiopien scheitern kläglich. Unser Gegenüber läuft dafür zur Hochform auf: „Ich kann euch vor Gericht bringen, was jeden mindestens 3000 Dollar kostet. Aber ihr habt Glück, heute ist Sonntag und das Gefängnis ist geschlossen. So habe ich genügend Zeit, um in Ruhe über euer Verbrechen nachzudenken." Wir setzen reumütige Mienen auf und beteuern wie kleine Kinder unsere Unschuld. Ihm fällt Grandioses ein. Zuerst müssen wir unser Vergehen aufschreiben, sozusagen als Verbrecher ein schriftliches Geständnis ablegen und über unsere Sünden nachdenken. Dann stellt er zwei gültige Visa zum „offiziellen" Preis von 50 Dollar aus und drückt uns die ersehnten Stempel in unsere Pässe. So kommt es, dass wir am 8. Juli 2001 nach Kenia einreisen, 3000 km zurücklegen und am selben Tag wieder ausreisen konnten. Alles amtlich besiegelt. Natürlich ist dieser kleine Gefallen nicht ganz umsonst. Wir müssen noch eine halbe Stunde investieren, um die „Gebühr" von umgerechnet 100 Euro auf annehmbare 3 herunterzuhandeln.

Afrikanisches Selbstbewusstsein: Das POP-IN entpuppt sich als eine sehr einfache Bretterbude mit Wellblechdach.

Links: Unser täglich „Brot" – Einkauf auf dem Markt. Die Waren werden nicht nach Gewicht, sondern pro Pyramide verkauft.

Rechts: Am Abend sahen wir nur Wolken. Nachts hören wir in der Nähe unseres Zeltes Löwen brüllen, um am nächsten Morgen den bisher großartigsten Anblick unserer Reise zu erleben. Vor uns erhebt sich der Kilimandscharo 5000 Meter über die umgebende Savanne im Süden Kenias.
Beim Aufbruch am späten Vormittag (Foto) bilden sich bereits die ersten Wolken, die den Berg eine Stunde später bereits wieder komplett verhüllen sollen.

Aufbruchsstimmung

In Uganda treffen wir auf einen alten Bekannten. Hier am Lake Victoria beginnt der Weiße Nil seinen Weg durch halb Afrika. Wir folgen seinem Lauf flussabwärts. Es geht durch den grünen Tunnel von Bananenhainen. Unvermittelt wird die Sicht auf den unter uns liegenden reißenden Strom frei. Die Wassermassen stürzen an der spektakulärsten Stelle über mehr als hundert Meter breite Stromschnellen in die Tiefe. Wir sind nicht allein. Die aufgeweckten Mädchen einer Girls School haben Wandertag. Als sie die fremden Mzungus (Suaheli für Weißer, Fremder) entdecken, werden wir zur Begrüßung stürmisch umarmt und unter lautem Gekreische zu einem Besuch in die Hauptstadt Kampala eingeladen.

Zwei Tage später sind wir da. An normalen Unterricht ist nicht mehr zu denken. So wird kurzerhand eine außerplanmäßige Geographiestunde einberufen. Ich schlüpfe in die Rolle des Lehrers, male mangels einer Afrikakarte unsere bisherige Route an die Tafel und erzähle über die Reise und über Deutschland. Das macht Spaß. Die Begeisterungsfähigkeit der von Fernsehen und Computerspielen weitgehend verschont gebliebenen zwölf- bis sechzehnjährigen Schülerinnen steckt an. Man will uns noch mehr Gutes tun. Als Ehrengäste müssen wir auf dem Dach des Schulgebäudes Platz nehmen. Auf dieser ungewöhnlichen Bühne führen uns die Mädchen in ihrer ungezwungenen afrikanischen Art ergreifende Tänze und Lieder vor.

Links: Die Sipi Fälle rauschen über 3 Stufen die grünen Hänge des Vulkans Mount Elgon hinab.

Rechts: Afrikaner sind Meister des Transports. Wir wären hoffnungslos überfordert, ein mit zwei Zentnern Kochbananen beladenes Fahrrad zu bewegen.

Im Südwesten des Landes erreichen wir den Kratersee Nkuruba. Das Empfangskomitee ist bereits da: Eine Gruppe schwarz-weiß gezeichneter schreiender Colobusaffen. Die felsigen Vulkanhänge rund um den See sind so steil, dass das Land nicht kultiviert werden kann. Nur deshalb blieb im dicht besiedelten fruchtbaren Uganda noch ein Stück Urwald mit seinen imposanten Baumriesen erhalten.

Nach einem erfrischenden Bad sitzen wir abends im Licht der untergehenden Sonne auf einem Felsen am Ufer und beobachten zwei Seeadler beim Beutefang. Ein sehr friedliches Bild. Es trügt. Ein Mann erzählt uns, dass Rebellen immer wieder versuchen, die Bevölkerung in Angst und Schrecken zu versetzen. Nur um den Ausgang der Präsidentschaftswahlen zu beeinflussen, waren im März dieses Jahres Brandanschläge im nahen Kasese verübt worden, denen auch Menschen zum Opfer fielen. Es besteht Hoffnung, dass sich die Bewohner des Landes auch von solchen Problemen nicht unterkriegen lassen. Da haben sie schon ganz anderes überstanden.

Auch wir haben den Schock von Äthiopien überwunden und sind mittlerweile wieder begierig, mehr von diesem spannenden Kontinent kennenzulernen. Zwischendurch hatte ich mich dabei ertappt, auf der Karte die schnellste Route nach Südafrika zu suchen. Ich wollte etwas dem Sinn dieser Reise völlig Widersprüchliches tun. Ich wollte ankommen.

Oben: Kaum fließt er aus dem riesigen Victoriasee, stürzt der Weiße Nil über diese Stromschnellen.

Unten: Schwarzarbeit – Kurzzeitstelle als Geographielehrer in einer Mädchenschule

Bei Verwandten

Der Verlauf der kleinen Straße sieht landschaftlich verlockend aus. Doch ständig kommen uns schwer bewaffnete Pick-Up-Besatzungen entgegen. Ein ungutes Gefühl stellt sich ein. Nach einer gewissen Zeit des Unterwegsseins glauben wir zu wissen, wann man auf die warnende innere Stimme hören sollte. Das tun wir jetzt und beschließen umzukehren.

Auf anderem Weg gelangen wir ins Bergland Ruandas zum Gebiet der Virunga Vulkane, wo die letzten Berggorillas leben sollen. Durch dichten Bambusurwald steigen wir einen Vulkan hinauf. Zwei Führer und sieben mit Maschinengewehren bewaffnete Wildhüter begleiten uns. 500 Dollar Nationalparkgebühr kostet der Escort Service. Die sind gut angelegt. Ohne dieses Geld von ein paar verrückten Touristen würden wenige Regierungen den Sinn des Schutzes von ein paar Affen einsehen, auch wenn es die letzten dreihundert ihrer Art sind. Die Maschinengewehre sind nicht für die Gorillas, sondern zu deren Schutz gedacht. Und zu unserem. Die Tiere sind begehrte Ziele von Wilderern und hungrigen Rebellen, die sich im Dschungel verstecken.

Während wir für Stunden durch dichten Bambuswald kriechen, steigt die Spannung ins Unermessliche. Ich versuche förmlich, das Grün mit meinen Augen aufzulösen. Völlig unnötig. Als ob es uns erwartet hätte, sitzt plötzlich ein Gorillamännchen nur ein paar Meter vor uns auf einer Lichtung und kaut genüsslich Bambussprossen. Wir erstarren vor der Masse des Riesen, schauen uns um. Leicht erschrocken stellen wir fest, mitten in seiner Clique zu sein. Drei halbwüchsige Gorillakinder raufen miteinander und versuchen, sich gegenseitig ins Gebüsch zu werfen. Eine Mutter hat ihr sieben Tage altes, winziges Baby an der Brust. Der Chef des Clans liegt jetzt gähnend auf dem Rücken und entblößt dabei zwei Reihen riesiger Zähne, lässt sich von uns überhaupt nicht beeinflussen. Er wirkt gelangweilt und so unfassbar menschlich. Der Darwin muss einfach Recht haben. Viel zu schnell geht die auf eine Stunde limitierte Besuchszeit zu Ende. Auf dem Rückweg löst sich die Spannung. Erst jetzt fällt uns auf, dass während der ganzen Zeit keine Silbe über unsere Lippen kam. Wir waren zu Gast in einer anderen Welt. Worte hätten nur gestört.

Am Kivusee lernen wir Jaques kennen. Er ist Offizier, und kommt gerade von einem Einsatz zurück. Ein paar hundert Rebellen haben Dörfer in jener Gegend überfallen, wo uns die Vorahnung vor ein paar Tagen umkehren ließ.

Unentschlossen, ob wir den besser ausgebauten Weg durch Zentraltansania oder die landschaftlich reizvollere, aber schwierig zu fahrende Strecke östlich des Tanganjikasees nehmen sollen, kämpfen wir uns stundenlang durch den tropischen Regen. Dabei verpassen wir den Abzweig, wodurch sich das Problem von selbst erledigt. Die nächsten tausend Kilometer werden uns entlang der schwierigen Strecke durch ein von der Zivilisation ziemlich unberührtes Gebiet im äußersten Westen des Landes führen.

Der Gorillachef begegnet uns genau so friedlich, wie der Rest seiner Familie.

Unsere Pausen werden kurz und schmerzhaft. Wir erfahren, warum die Gegend so menschenleer ist. Es wimmelt nur so von Tse Tse Fliegen, den Überträgern der Schlafkrankheit. Die Biester beißen sogar durch Motorradhosen. Weil wir nicht anhalten wollen, passieren wir den ersten Bach, ohne unsere Wasservorräte aufzufüllen. Es sind ja noch weitere Flüsse und Dörfer auf der Karte eingezeichnet.

Wir kommen nur mühsam voran. Gegen Mittag wird die Hitze fast unerträglich. Unser letztes Wasser ist rasch aufgebraucht. Die Zunge klebt am Gaumen. Von Flüssen und Dörfern keine Spur. Erst ärgere ich mich über unseren Leichtsinn. Dann setzt leichte Panik ein. Doch der aufmerksame Schutzengel lässt uns nicht im Stich und stellt einen Lkw auf die Strecke. Er hat sich trotz Allradantrieb im Tiefsand festgefahren. „Hilfe ist bereits unterwegs.", gibt uns die Besatzung gelassen zu verstehen. Sie wartet erst seit zwei Tagen. Nur ein paar Minuten weiter gebe es ein Wasserloch. Wir atmen auf. Das rettende Nass muss gutes Wasser sein, denn die Kaulquappen scheinen sich darin sichtlich wohl zu fühlen. Zwei Liter müssen sie jedem von uns abgeben. Sofort.

Uralte Baobabs säumen das Ufer des Malawisees. Das Wasser lädt zum Baden ein, beherbergt aber an vielen Stellen die gefährlichen Bilharziosewürmer.

Nächtlicher Besuch

Von einem lauten Schmatzen werde ich wach. Zeitgleich übertragen Zeltboden und Luftmatratze die Erschütterungen von etwas Großem, etwas Schwerem. Nachdem die Signale für unendlich scheinende Minuten nicht aufhören und Neugier langsam die Angst besiegt, stecke ich meinen Kopf durch die Zeltöffnung. Die Silhouetten von ein paar Nilpferden, sie haben in Größe und Form eine gewisse Ähnlichkeit mit einem Kleinwagen, zeichnen sich ein paar Meter entfernt vor dem Nachthimmel ab. Die zwei Tonnen schweren Kolosse trauen sich nur nachts aus dem Wasser des Luangwa Flusses im Norden Sambias, um sich an den salamigroßen Früchten eines speziellen Baumes zu laben. In Afrikaans heißt er Worsboom. Glücklicherweise haben wir unser Zelt aus Angst vor den „Wurstbomben" etwas abseits aufgestellt. Das ist eine unangenehme Vorstellung, erst erschlagen und dann aus Versehen vom hungrigen Nilpferd zertrampelt zu werden. Erst später erfahren wir, dass Flusspferde jene Tiere sind, durch welche in Afrika die meisten Menschen ums Leben kommen und das, obwohl die Kolosse Vegetarier sind. Sie sind sich ihrer Größe nicht bewusst und reagieren panisch, wenn man ihnen den Weg zum Wasser versperrt. Deshalb überrennen sie in solchen Situationen jedes Hindernis. Ich beruhige mich damit, dass sie unser Zelt gefälligst für einen grünen Stein halten sollten und jedes auch noch so große und dumme Hirn befehlen müsste: „Bitte außen herum rennen!"

Nach ein paar Tagen Fahrt durch das trocken-heiße Sambia erreichen wir eines der größten vorstellbaren Schauspiele der Natur. Schon von weitem ist ein dumpfes Donnern zu hören. Als der Afrikaforscher David Livingstone zum ersten Mal die Victoria Fälle erblickte, schrieb er in sein Tagebuch: „Bei einem so wundervollen Anblick müssen selbst die Engel in ihrem Flug innegehalten haben." Im Moment unserer Ankunft verstehen wir ihn. Unzählige kleine Wasserfälle stürzen jetzt zur Trockenzeit auf einer Länge von 1,7 Kilomtern bis zu 100 Meter in die Tiefe. Um den Augenblick perfekt zu machen, zaubert die Morgensonne einen Regenbogen in die Gischt.

In Sambia warnt man uns eindringlich, nach Simbabwe zu fahren. Die Situation sei sehr angespannt, die Versorgungslage ungewiss. Seit ein paar Jahren schwelt ein typisch afrikanischer Konflikt. Die weißen Farmen – das von den Briten zu Kolonialzeiten in Besitz genommene Land – sollen enteignet werden. Es gab bereits Tote.

Man beschrieb uns Simbabwe aber auch als landschaftlich wunderschön, was uns die Zweifel ignorieren lässt.

Ganz links: Es ist gerade Trockenzeit. Deshalb fällt der Sambesi in vielen einzelnen Schleiern hundert Meter in die Schlucht. Während der Regenperiode präsentieren sich die Victoriafälle als eine einzige Wasserwand.

Links: Zelten in Afrika ist oft sehr spannend. Schon die nächtlichen Geräusche des Busches können für erhöhten Pulsschlag sorgen. Hier kommt am Morgen eine Elefantenherde zu Besuch vorbei.

Kurz vorher hatten wir noch einem brüllenden Löwenmännchen gegenüber gestanden. Jetzt führt uns der Buschmann Steve zum Sonnenuntergang an diesen heiligen Ort des Shona Stammes. Die Baobabbäume sind in einem Halbkreis angepflanzt, in dessen Zentrum Zeremonien abgehalten werden.

Der Zufall will es, dass wir ein paar Tage später auf einer Farm zu Gast sind und Zeugen eines kleinen Dramas werden. Ein Fahrzeug mit Regierungsgesandten, die eine Liste über das Eigentum des Farmers erstellen wollen, hält mit quietschenden Reifen auf dem Hof. Sie zählen Traktoren, Möbelstücke, damit später alles konfisziert werden kann. Der Besitzer steht mit Tränen in den Augen daneben. Kurz vorher hatte er noch überlegt, sich in Wildwestmanier mit seinem Jagdgewehr zur Wehr zu setzen. Was mag in dem alten Mann vorgehen, der sein ganzes Leben auf diesem Fleck verbracht hat und jetzt von dem Ort verjagt werden soll, von dem vielleicht seine Vorfahren andere vertrieben haben. Wir selbst werden zwar überall als Weiße wahrgenommen, bleiben aber von dem deutlich spürbaren Konflikt verschont.

In Simbabwe haben wir die intensivsten Erlebnisse mit den wilden Tieren des Kontinentes überhaupt. Schuld daran ist Steve, ein Wildhüter. Er begleitet uns zu Fuß, nur mit einem ungeladenen Gewehr bewaffnet (O-Ton Steve: „Ich könnte eh nie auf einen Löwen schießen."), in die Mitte eines Löwenrudels. Besonders den Moment, als das Männchen, natürlich nur um den Frauen zu imponieren (sagt Steve), einen Scheinangriff startet und einen Steinwurf entfernt brüllend stehen bleibt, werde ich nie mehr vergessen. Später paddeln wir zwischen Krokodilen und Flusspferden (Steve: „Haltet beim Rudern die Hand nicht zu weit hinaus!") mit ihm für 4 Tage den Sambesi hinunter. Beim Picknick am Ufer müssen wir einer Elefantenherde weichen, die meint, genau hier Rast machen zu müssen. Schönes, selbstbewusstes Afrika!

Fast wieder daheim

Schon als kleiner Junge wünschte ich mir einen Tiger oder etwas „Ähnliches" zum Spielen. Fünfundzwanzig Jahre später macht die Reise diesen Traum zur Realität. Zufällig entdecken wir eine Farm, auf der man es sich zur Aufgabe gemacht hat, Waisentiere großzuziehen. Meine Augen leuchten, als ich sehe, wer unter anderem damit gemeint ist: ein wunderschöner Leopard mit einem halbstarken Löwen als Gefährten. Der Unterschied dieser Tiere in beinahe freier Wildbahn zu ihren in den Käfigen von Zirkussen und Zoos vor sich hin vegetierenden Artgenossen ist gewaltig. Ihre Augen sind lebendig, das Fell ist von geschmeidiger Schönheit. Doch das Größte ist, dass ich noch einmal sehr jung werden und mit den beiden Schmusekatzen spielen darf. Die Tatzen des „kleinen" Löwen sind doppelt so groß wie meine Hände und entsprechend Respekt einflößend. Früher hätte ich die große Katze sicherlich forscher angefasst.

Auf dem Weg in den Norden Namibias halten wir an einer Farm, um nach einem Plätzchen für unser Zelt zu fragen. Das gastfreundliche Besitzerehepaar, beide sind bereits deutlich im Rentenalter, heißt uns herzlich willkommen, lädt uns zu Trockenfleisch

Unten: Das Löwenbaby ist neun Monate alt und bereits zwei Zentner schwer. Es wurde auf einer Farm als Waise aufgezogen und lässt sich deshalb als Schmusekatze „missbrauchen".

Oben: Die höchsten Dünen der Welt in der Namibwüste scheinen sogar den Zug der Wolken zu beeinflussen.

Unten rechts: Der Gepard, das schnellste Säugetier der Welt, tut uns den Gefallen, ihn nicht bei 110 km/h Jagdgeschwingigkeit fotografieren zu müssen.

Namibia ist im Gegensatz zu vielen anderen Ländern des Kontinents sehr dünn besiedelt. Diese einsame Straße führt weit in den Norden zur Grenze Angolas.

Nicht immer sind unsere Zeltplätze so reizvoll gelegen. Der Blick schweift über das menschenleere Marienflusstal. Der Name stammt aus Zeiten, als dieses Gebiet noch eine deutsche Kolonie war. Er ist purer Sarkasmus. In der Halbwüste ist nicht die Spur eines Gewässers zu finden. Zum Waschen muss unsere Buschdusche (im Baum) herhalten.

und einem Gläschen Selbstgebrannten ein. Unsere Gastgeber berichten mit Stolz von einem harten Farmerleben in der kargen, durch ständigen Wassermangel gekennzeichneten Halbwüste am Rande der Kalahari, von einem ständigen Kampf mit den äußeren Bedingungen. Allein für ein Rind werden 16 Hektar Weideland benötigt.

Schon am nächsten Tag führt uns eine einsame Schotterpiste in eine völlig andere Welt, die Welt der Himba. Sie leben in der weitgehend unberührten Gegend als Nomaden und gehören zu den wenigen Völkern Afrikas, die sich ihren viele Jahrhunderte alten Lebensstil bewahrt haben. Ab und zu treffen wir auf ihre aus Ästen und Leder errichteten Zelte. Die Himba machen einen sehr freundlichen und zufriedenen Eindruck. Vielleicht haben sie auf Grund der Abgeschiedenheit noch eine Weile die Chance, ihre Zufriedenheit zu bewahren und von den Verlockungen der Zivilisation verschont zu bleiben. Dass wir mit unseren Motorrädern genau diese Verlockung repräsentieren ist ein Zwiespalt, der uns in Afrika dicht auf den Fersen bleibt.

Die Piste endet an den Epupa Wasserfällen am Kunene. Am Fluss herrscht reges Treiben: Hier werden schreiende, kleine Himbas von ihren Müttern gebadet, dort Esel mit Holzstöcken zum Trinken ans Wasser getrieben; eine löchrige Blechbadewanne fungiert als Personenfähre nach Angola. Für uns und die Motorräder ist hier Endstation. Das gegenüberliegende Ufer scheint zum Greifen nah und doch ist Angola so fern. Minen und Kriegswirren machen es zum verbotenen Gebiet.

Außerdem hält Namibia noch eine Überraschung bereit. Swakopmund entpuppt sich als nette Kleinstadt und wüsste ich es nicht besser, hätte ich den Ort auch für ein Ostseebad halten können. Das Café an der Kaiser-Wilhelm-Straße serviert Schwarzwälder Kirschtorte, für eine Bratwurst muss man sich an der „Wurstbude" anstellen. Das Gefühl, nach fast einem Jahr Fahrt durch Afrika in „Deutschland" anzukommen, ist ein sehr eigenartiges. Die Tatsache, dass wir hier am Atlantik stehen, macht uns aber klar, dass die letzten Monate kein Traum waren. Ein Gin-Tonic, spendiert von Joachim und Hermann, den ersten Motorradfahrern die wir unterwegs treffen, wird der Beste, den ich je getrunken habe.

Oben: Nicht nur der Lehrer und seine Schüler sind stolz, dass endlich die Flagge vor der vor einem Jahr neu erbauten Dorfschule gehisst werden kann. In dem abgelegenen Dorf fehlte hierfür ein 13mm-Maulschlüssel. Unser Reparaturset birgt glücklicherweise ein so wertvolles Gut.

Unten: Die Himba Damen legen viel Wert auf ihr Äußeres. Das Ganzkörper-Make-Up aus rotem Staub und Fett sieht nicht nur gut aus und verströmt den Geruch von ranziger Butter. Es schützt auch vor Sonne und Insekten.

Tausend Meter erhebt sich der Tafelberg über Kapstadt und macht die Metropole so zu einer der schönstgelegenen der Welt. Drei mal klettern wir über verschiedene Routen hinauf, um diese Aussicht zu genießen. Der Blick reicht bis zur Robbeninsel, auf der Nelson Mandela achtzehn Jahre lang inhaftiert war.

Entscheidung

Der Oranjefluss markiert die Grenze zu Südafrika, dem letzten Teil unserer Odyssee durch Afrika. Als ob sich die Landschaft der Aufteilung der Welt durch den Menschen bewusst wäre, verwandelt sie sich auf der anderen Seite des Flusses von gelblich-braun in grün. Nach den Halbwüsten der letzten Monate tut dieser neue Grundton unseren Augen richtig gut. Je weiter wir gen Süden vordringen, umso fruchtbarer wird die Gegend.

Schon von weitem grüßt der Tafelberg, das Wahrzeichen Kapstadts. Seit einem Jahr sind wir auf diesen Namen in der Karte Afrikas zugefahren. Bei seinem Anblick löst sich eine unterschwellige Anspannung in mir, der ich mir vorher nicht bewusst war: „Wir haben es geschafft!"

Ein Stückchen weiter, am Kap der Guten Hoffnung, ist der Kontinent zu Ende. Euphorisch fahre ich die letzten Meter gen Süden, will ein wenig feiern, vielleicht den Moment genießen. Der Kulminationspunkt verspricht ein gewisses Pathos. Und hält es nicht. Die egoistischen „Helden" müssen den letzten Felsen Afrikas mit einer nicht erwarteten Schar Touristen und deren Bussen teilen.

Die Rede war davon, durch Afrika zu fahren. Der Rest war mehr oder weniger Phantasie. Wie sollten wir wissen, ob uns das Nomadenleben ein Jahr später immer noch gefallen würde. Doch die Entscheidung ist längst gefallen, irgendwo in der Nähe von Kenia. Oder war es Simbabwe? Jedenfalls bedurfte es keiner Worte. Das Reisen war unser Leben geworden. Und: Unser geringes Budget reicht auch noch eine Weile länger. Das Auffrischen klappt ganz gut. Ein deutsches Motorradmagazin berichtet regelmäßig von der Reise. Und was uns besonders stolz macht: Die renommierteste Zeitschrift Südafrikas hat ebenfalls unsere Fotos und Geschichten gekauft. So bleibt jetzt nur die Frage nach der Richtung. Wir entscheiden uns für links: Australien. Per Flugzeug von Johannesburg ist die günstigste Variante, dorthin zu gelangen. Ein angenehmer Nebeneffekt: Die 1500 Kilometer Entfernung zwischen dem Kap und dem Flughafen sind ein guter Grund, sich das Land dazwischen etwas genauer anzuschauen.

Südafrika wird für uns das landschaftlich reizvollste Land Afrikas. Und auch eines der zwiespältigsten. Die Apartheid soll Geschichte sein. Offiziell. Die Realität zeichnet ein anderes Bild: Schwarz und Weiß sind immer noch in zwei Welten geteilt, sei es aus Tradition oder aus ökonomischen Gründen. Unser Status als Fremde, frei von Vorurteilen und Vergangenheit, verschafft uns das Privileg und das Vergnügen, in beide Welten eintauchen zu können.

Die „weiße" Welt: In einer Kurve kommt Ramona plötzlich ein Pick Up entgegen. Beide weichen zur ihnen jeweils gewohnten und somit zur gleichen Seite aus, sie nach rechts, der Linksverkehr-geübte Pick Up Fahrer nach links. Kurz vor dem Unheil kommen sie voreinander zum Stehen. Nach erschrockenem Sich-Sammeln brechen wir in schallendes Gelächter aus. Anschließend wird der Beinahe-Crash gefeiert. Marius, der Rechtsausweicher, hat in seiner Kühlbox ein paar kalte Dosen Bier zum Anstoßen dabei. Die Geste wirkt so selbstverständlich, als ob man hier solche Begebenheiten immer auf diese Weise abhandeln würde. Mit einem Bier ist es nicht getan. Kaum sind die Büchsen leer, werden wir für den Abend zum Grillen eingeladen. Was mit einer Falschfahrt begann, endet schließlich in einem ganzen Wochenende am Strand vor dem Haus von Marius Familie.

Die „schwarze" Welt: In Pretoria lädt uns ein befreundetes Ehepaar ein, es zu einer Hochzeit zu begleiten. Die Umstände der Feier versprechen ein hochinteressantes Ereignis. Es findet in einem der berüchtigten Townships statt, einem Ort, den weiße Südafrikaner freiwillig nie aufsuchen würden. Wir haben noch Skrupel. Unseren Einwand, dass wir ohne Einladung doch nicht einfach zur Hochzeit von fremden Leuten mitkommen können, tut Mark mit einem Lächeln ab: „Das macht nichts. Wir sind in Südafrika." Wie Recht er hat! Der Empfang könnte warmherziger kaum sein. Von der ersten Minute an werden die unerwarteten Besucher – wir sind die einzigen Weißen – als Ehrengäste behandelt.

In großen, gusseisernen Kesseln garen Gemüse und Fleisch über einem offenen Feuer. Schon seit den frühen Morgenstunden sind vier dicke, schwarze „Mamas" mit der Essenszubereitung beschäftigt. Es werden über 300 Gäste erwartet. Im größten der vielen Töpfe blubbert Pap, ein weitgehend geschmacksfreier Maisbrei, den wir in ganz Schwarzafrika als das Hauptnahrungsmittel kennenlernen durften. Mit den Fingern formt man mundgerechte Kügelchen daraus und tunkt sie in eine Sauce aus Tomaten, Zwiebeln und Ziegenfleisch.

Bis zum Beginn der Feier ist noch Zeit, eine gute Gelegenheit für eine Runde durch das Viertel. Wir kommen nicht weit. Ein alter, weißhaariger Mann bittet uns voller Stolz in sein Heim. Als wir auf dem zerschlissenen Sofa Platz nehmen, geben die rostigen Federn unter unserem Gewicht ächzend nach. Die Zimmerwände sind mit bunter Reklame und Anti-Aids-Plakaten tapeziert. Es gibt weder fließend Wasser noch Strom. Seine sechsköpfige Familie lebt zusammengepfercht in der niedrigen Wellblechhütte mit einer Größe von vier auf fünf Metern. Als Tür dient ein kleines Loch mit Brett davor. Das Glas der Fenster ist zersplittert und wurde notdürftig mit Pappe geflickt. Beim Abschied erwischt er uns völlig auf dem falschen Fuß und fragt: „Habt ihr in Deutschland auch so schöne Häuser?" Mit Müh und Not bringe ich ein Kopfschütteln zustande.

Die christliche Trauung findet in einem mit Blumengirlanden geschmückten Zelt statt. Es ist groß, bietet aber dennoch

Lesotho ist aufgrund der Höhe vielerorts baumlos. Das satte Grün ist typisch für das Hochland. Fast jeden Nachmittag gehen im Sommer kräftige Gewitter nieder. Wir werden in der relativ ausgesetzten Landschaft oft überrascht und dabei auch ein wenig nass. Doch Anblicke wie dieser entschädigen.

Das Gesicht dieser Frau drückt nur eines aus: Ich bin mit mir und der Welt zufrieden. Sie ist im Hochland von Lesotho auf dem Weg zu einem Markt, um ihre drei Hühner zu verkaufen.

nicht genügend Platz für alle. Als Ehrengäste dürfen (müssen) wir in der ersten Reihe Platz nehmen. Fünf Prediger halten nacheinander ergreifende Reden. Ab und zu folgt ein spontaner, zustimmender Zwischenruf aus der Festgemeinde: „Oh yes, Lord". Danach ertönen aus über 300 Kehlen wunderschöne Gospelgesänge. Wir staunen, auf welch fröhliche Art diese Menschen ihren Glauben feiern.

Die Mutter der Braut ist eindeutig der Chef im Ring. Sie trägt ein langes grünes Gewand und einen Turban. Mit viel Witz und einigem Ernst wendet sie sich am Ende ihrer Rede an den frischgebackenen Ehemann: „Pass' auf! Wer in fremden Häusern isst, bekommt AIDS!" Als ob da jemand dieser Warnung Nachdruck verleihen will, bricht in diesem Moment ein Gewitter los. Die rote Erde des Hofes verwandelt sich binnen kürzester Zeit in ein Schlammfeld. Während die eigene Familie sich draußen vor dem Regen irgendwie verstecken muss, sitzen wir Ungeladenen im Trockenen und bekommen zudem auch noch als Erste aufgetischt. Von der lauten Musik werden betrunkene Obdachlose angelockt, die sich neugierig ums Zelt drängen. Sie werden nicht etwa davongejagt, sondern bekommen einen ordentlichen Teller voll zu essen.

Später erfahren wir, dass sich der Bräutigam hoch verschuldet hat, um seiner Familie eine derartige Feier bieten zu können und deshalb die nächsten Jahre Kredite zurückzahlen muss.

Die Gastfreundschaft dieser Menschen, die das Wenige, das sie besitzen, mit einem Lächeln teilen, gibt uns reichlich Stoff zum Nachdenken. Wir haben Glück: Für das Erlebte können wir uns später wenigstens mit ein paar Hochzeitsfotos bedanken.

Von den heißen Stränden des Indischen Ozeans fahren wir auf das kühle Dach Afrikas, in die Drachenberge. Den größten Teil des Gebirges nimmt das Königreich Lesotho ein. Die Grenzformalitäten sind in Windeseile erledigt und schon nach kurzer Fahrt wähnen wir uns in eine vollkommen andere Zeit versetzt. Südafrika war oftmals europäisch modern. Hier oben lebt der Stamm der Basotho in kleinen Lehmhütten mit Strohdach. Die Felder werden mit der Spitzhacke bestellt. Uns fremdartige Wesen betrachtet man staunend.

Offizielles, aber für Motorradfahrer nutzloses Schild in Johannesburg

Das Bergland macht einen wilden Eindruck und ist aufgrund der Höhe oft baumlos, was uns fast zum Verhängnis wird. Am Bloubergpass errichten wir auf einem Bergplateau unser Nachtlager. Die Aussicht betört den Verstand und lässt mich das Zelt auf dem höchsten Punkt einer in den schönsten Farben blühenden Wiese aufstellen. Nachts wird die Idylle zum Inferno. Genau über uns braut sich ein Gewitter zusammen. Wir spüren regelrecht die aufgeladene Atmosphäre knistern. Für eine Flucht ist es zu spät. Und zu dunkel. Heftiger Regen setzt ein, wird zu Hagel. Die walnussgroßen Körner, die auf unser Zeltdach prasseln, übertönen sogar den Donner. Wir verkriechen uns in die Schlafsäcke. Das hilft, zumindest subjektiv. Gerädert wachen wir bei schönster Morgensonne auf. Das zum reißenden Bach angeschwollene Rinnsal neben unserem Zelt sowie die vielen neuen, kleinen Wasserfälle am gegenüberliegenden Bergrücken sind die einzigen Spuren, die der nächtliche Spuk hinterlassen hat.

Über den Sanipass verlassen wir Lesotho und kehren nach Südafrika zurück. Unten angekommen, müssen wir feststellen, dass das Grenztor bereits verriegelt ist. Südafrika hat ab vier geschlossen. Am nächsten Morgen geraten die Zollbeamten ins Staunen. Über ihrem Grenzzaun hängt eine Buschdusche und mitten auf der Schotterstraße steht ein Zelt, flankiert von zwei Motorrädern.

Südlich von Swasiland fallen uns plötzlich Ortsnamen wie Freiheit, Lüneburg oder Schwarzwald auf. Wir bitten einen Farmer um die Erlaubnis, unser Zelt auf seinem Grund aufzustellen. Er antwortet uns im besten Hochdeutsch, besser gesagt, wie Deutsch wohl vor etwa achtzig Jahren geklungen haben mag, bittet uns zu Kaffee und Kuchen. Einrichtung, Frisuren, Kleidung, Gesten – das Ganze wirkt wie aus einer Heimatfilmparodie. Doch alles ist echt. Wir werden mit „gnädig“ sowie „Herr“ und „Frau“ angeredet. Die so Hofierten müssen ihr bestes Benehmen an den Tag legen, damit das perfekte Image des Heimatlandes nicht kaputt geht und sich ihr Grinsen für später aufheben. Wie wir erfahren, waren Herr und Frau Schmidt nebst Kindern noch nie in der angebeteten „Heimat“. Man ist jedoch sehr stolz auf die deutsche Abstammung. Und man spricht Deutsch. Genau so, wie es die Großeltern überliefert haben und es sich ein Jahrhundert lang ohne Einflüsse von außen konservieren konnte!

Ein paar Stunden weiter ist der Heimatfilm jäh zu Ende. Die Millionenmetropole Johannesburg verschanzt sich hinter hohen Mauern mit Elektrozaun und Glasscherben obenauf, erzeugt Beklemmung. Doch wirklich trüben kann sie das Bild eines unserer Lieblingsländer des Kontinents nicht. Ich überlege sogar kurz, wie es wäre, hier zu leben. Das Gefühl, nicht wirklich nach Afrika zu gehören und das Unbekannte hinter dem Horizont verhindern jedoch erfolgreich jeglichen Anflug von Sesshaftigkeit.

„Respektiere einen Dummkopf um Krach zu vermeiden.“ So lautet eine der Philosophien auf den Schildern. Da steckt viel Sinn und Wahrheit drin. Der Eigentümer war vielseitig kreativ. Er hat aus der Not ein Kunstwerk gemacht und sein Wunderhaus ausschließlich aus Weggeworfenem errichtet.

Der Wendepunkt der Seefahrer ist auch einer für uns. Wir haben das Kap der Guten Hoffnung erreicht.

Der Ayers Rock ist nicht zu Unrecht in jeder Fotosammlung über Australien zu sehen. Der größte Monolit der Erde zieht unsere Blicke magisch auf sich, wohl auch deshalb, weil sie für Tage nichts als flache Halbwüste zu sehen bekamen und jetzt endlich einen Punkt haben, wo sie sich festhalten können.

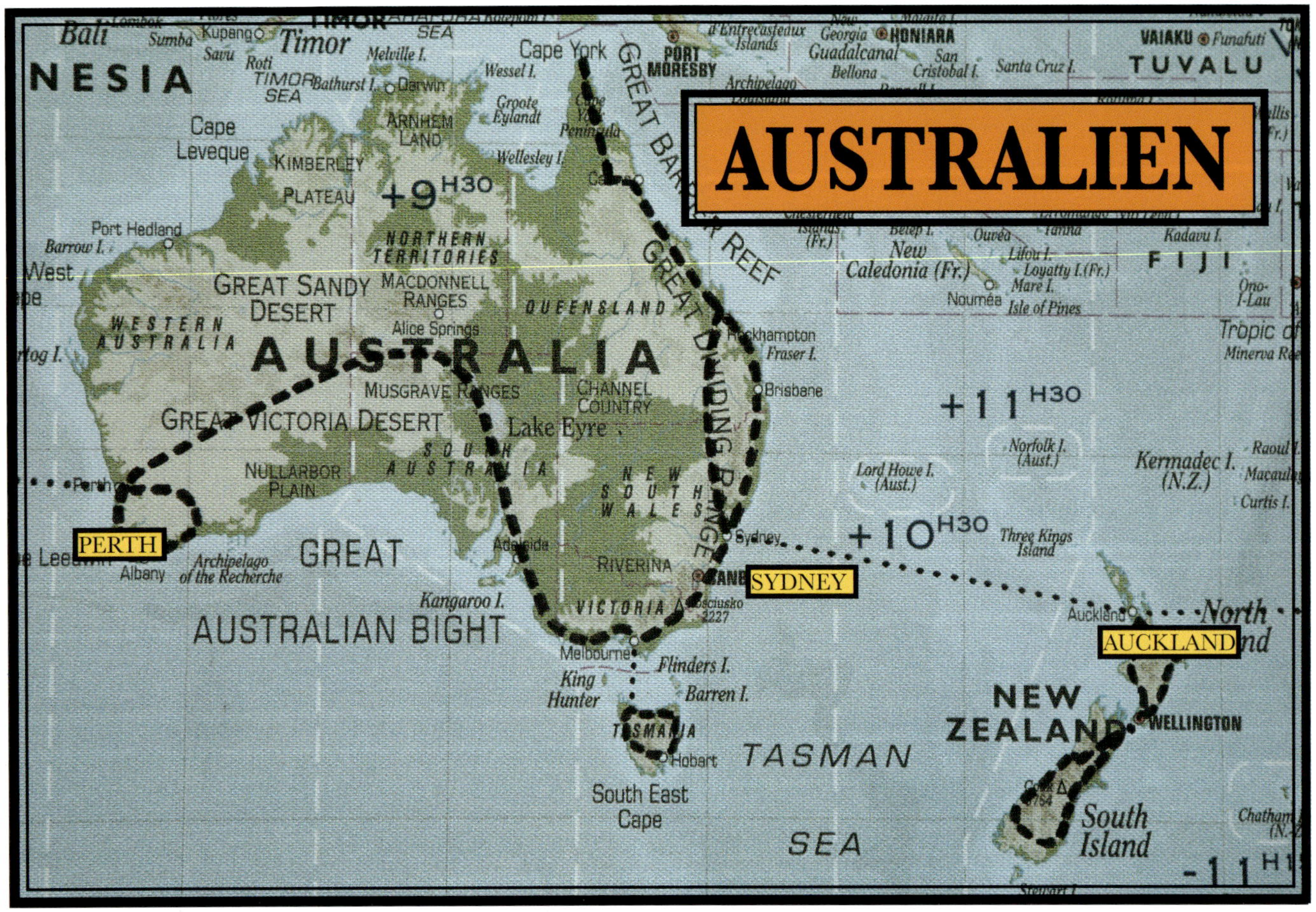

Geschockt

Wir sind kulturgeschockt. In neun Stunden hat uns das Flugzeug von der „dritten" in die „erste" Welt zurück katapultiert. Umgekehrt hatten wir Monate gebraucht, um uns an Afrika zu gewöhnen. Deshalb laufen wir anfangs wie Falschgeld durch die Straßen der Großstadt Perth im Westen Australiens. Beim Einkaufen wollen wir um den Preis handeln, so, wie wir es seit einem Jahr Afrika gewohnt sind. Natürlich ernten wir dabei nur pikierte Blicke. Was ist so anders? Nach einer Weile dämmert uns: Wir sind wieder anonym, nur noch Weiße unter Weißen. Solange wir nicht den Mund aufmachen, gehen wir als Einheimische durch und werden deshalb auch nicht gefeiert, behütet, übers Ohr gehauen. Sehnsucht Afrika.

Vielleicht würden wir uns im Outback heimischer fühlen. So bezeichnen die Australier die ihnen weitgehend unbekannte, wüstenhafte Mitte ihres Landes. Die meisten waren noch nie da. Je nach Auslegung gehören 75 bis 95 % Australiens zur Terra Incognita. Mythen und Horrorgeschichten ranken sich um dieses Gebiet. Entlang des Gunbarrel High-

Rechts: Der trockenste aller Kontinente hält nicht, was er verspricht. Nach einem Hurricane entlang des Gunbarrel „Highway" steht die Piste unter Wasser und wird schwierig bis unmöglich befahrbar.

Oben: Schwerstarbeit bei 40 Grad entlang des 1300 Kilometer langen Gunbarrel „Highway".

Eukalyptus 1: Ein Wald, wie vom Ingenieur gepflanzt, in New South Wales.

way fahren wir ins rote Herz des Kontinents. Die Erdpiste wurde nach einem Gewehrlauf bezeichnet, weil sie schnurgerade durch die Halbwüste verläuft. 2000 Kilometer und acht Kurven später erreichen wir den Ayers Rock. Der heilige Berg der Aborigines wächst wie von einem Regisseur in Szene gesetzt aus der eintönigen Ebene.

Eukalyptus 2 – bei 40 Grad in der Mitte des Kontinents ist der seltene Schatten der Bäume ein wertvolles Gut.

Der Südosten des Kontinents ragt als Steilküste aus dem Ozean und verwöhnt mit Temperaturen von unter 30 Grad.

Ich hatte mir Australien immer trocken und heiß vorgestellt. Heiß ist es. Den ersten Teil der Vorstellung dagegen wirft ein Hurricane gründlich über den Haufen. Es ist nicht damit getan, dass manche Gebiete für Tage unpassierbar werden, dass das Vorwärtskommen zur Tortur wird. Der plötzliche Wasserreichtum lässt die Moskitos zu Millionen schlüpfen. Jahre müssen sie auf diesen Moment gewartet haben. Sobald die Dämmerung hereinbricht, bleibt uns nichts übrig, als die Flucht ins Zelt anzutreten. Die Not ist groß. Morgens trauen wir uns erst wieder heraus, wenn die Sonne am Himmel steht, was zur Folge hat, dass einer der Kochtöpfe auch mal zweckentfremdet werden muss.

Die Weiten Australiens können beruhigend und angsteinflößend zugleich sein. Manchmal begegnet uns nur ein Fahrzeug am Tag. Das läuft meist wie folgt ab: Da beide Parteien irgendwie erleichtert sind, wider Erwarten doch nicht ganz allein unterwegs zu sein, hält man freudig an und muntert sich gegenseitig für die weitere Strecke auf. „Hey mate, was macht ihr denn in dieser verdammten Einöde? Ihr müsst ja völlig verrückt sein, bei der Hitze hier durch die Gegend zu fahren!" Da der gemeine Australier immer wenigstens eine große Kühlbox mit wenigstens einer großen Palette Bier mit sich führt und wir im Regelfall einen von der Sonne ausgetrockneten Eindruck machen, folgt auf die nette Begrüßung gleich noch eine nette Einladung.

Diese Abgeschiedenheit formt oft skurrile Charaktere, ein eindeutiger Vorteil des Landes. Anfangs verschwiegene Goldgräber holen dann doch stolz einen großen gelben Klumpen hervor. Getrieben wirkende Diamantensucher leben vor Sonne und Licht versteckt in ihrer eigenen Mine unter der Erde. Einsame kauzige Farmer herrschen über große Weiten der immerheißen Halbwüste. Eine der Stations, so nennt man recht humorlos die Farmen, soll so groß wie Belgien sein.

Die Australier haben sich mit den Entfernungen arrangiert. Post holen kann

Die Briefkästen stehen an der „Hauptstraße". Die Hofeinfahrt zum Farmhaus kann schon mal 100 Kilometer lang sein.

Der Westen Tasmaniens empfängt eine hohe jährliche Niederschlagsmenge, was eine sehr üppige Vegetation zur Folge hat.

Blick auf Tasmaniens Ostküste

schon mal ein paar Stunden dauern, Einkaufen eine Tagestour sein. Chris, eine unserer Bekanntschaften auf einsamer Straße, fährt mal schnell übers Wochenende auf ein Bier zu seinem Kumpel. O-Ton: "Der wohnt doch nur 1200 Kilometer von hier." Den häufig nachgefragten Unterschied zu Deutschland versuche ich so zu erklären: "Früher überlegte ich, ob es sich lohnt, in die nächste größere Stadt zu fahren. Die lag 60 km entfernt. Man passierte dazwischen 7 Ortschaften." Chris ist da noch nicht mal an seinem Briefkasten. Wenn viel los ist, sieht er auf dieser Strecke drei Kühe und zehn Kängurus.

Tasmanien hatte bereits im Geografieunterricht diesen besonders geheimnisvollen Klang. Jetzt bringt uns eine Fähre von Melbourne quasi über Nacht auf die einst unerreichbare Insel. Die isolierte Lage ließ eine sehr spezifische Flora und Fauna entstehen. Bestimmte Tierarten, wie den Tasmanischen Teufel, gibt es nur hier. Die Berge protzen mit den Zweithöchsten Bäumen der Welt. Und mit Schnee, der morgens Zelt und Motorräder bedeckt. Es wird Zeit für einen Umzug.

Queensland, die tropische Ecke im Nordosten, soll zu einem unserer Lieblingsplätze des Kontinents werden. Wie so oft hat dies weniger mit der sicher sehr eindrucksvollen Natur, als vielmehr mit einer Begegnung zu tun. Rob und Karin lassen uns am australischen Alltag teilhaben. Ich helfe Rob beim Bau seines Hauses. Dafür wer-

Die tropischen Breiten Queenslands verführen mit solchen Sonnenuntergängen.

Baustellenverkehr wird in Australien persönlich geregelt.

den wir in die Geheimnisse des Lebens im Outback eingeweiht. Zusammen mit ihren sechs-, acht- und elfjährigen Jungs erforschen wir verschlungene Pfade durch den Dschungel, die plötzlich an paradiesischen Orten, wie 100 Meter hohen Wasserfällen, enden. Trotz scharfer Lianen, Schlangen und giftiger Spinnen marschieren die unerschrockenen Haudegen barfuß vor uns her. In der Schule der drei debattiert man gerade heftig über einen Erlass. Er soll das Tragen von Schuhen im Unterricht zur Pflicht machen. Die Welt scheint hier in der äußersten Ecke Australiens noch ein wenig mehr in Ordnung zu sein als anderswo.

Am nördlichsten Zipfel des Kontinents darf ich Robinson sein. Das Paradies trägt ironischerweise den Namen Chilly Beach, frostiger Strand. Die durchschnittliche Lufttemperatur liegt hier über 30 Grad.

Oben: Australiens Ureinwohner, die Aborigines, machen auf uns oft den Eindruck eines seiner Kultur und Lebensgrundlage beraubten Volkes. Die ehemaligen Nomaden wurden sesshaft gemacht und werden vom Staat ernährt. Frühere Aufgaben und damit die Selbstachtung gingen verloren. Mit der aufgezwungenen westlichen Kultur kommt man meist nicht zurecht. Drogenprobleme sind die Folge. Der Respekt verströmende, ältere Herr ist eher die Ausnahme.

Links: Camping in den Tropen von Cape York. Hier besteht ausnahmsweise keine Gefahr von Krokodilen, weil das Wasser des Flusses an dieser Stelle zu flach ist. Dafür hat es fast Badewassertemperatur.

Rechts: Der Alltag in Australiens Outback ist rau und hart. Das Rodeo, das Freizeitvergnügen der Gegend, passt gut dazu. Sogar Kinder werden auf wilde Esel und Pferde gesetzt und fallen auch von diesen herunter. Wenn der nächste Nachbar ein paar hundert Kilometer entfernt wohnt, fungiert das jährliche Rodeo auch als ein Heiratsmarkt, wie hier im Örtchen Laura. Jeder erscheint bestens herausgeputzt mit Cowboyhut und Stiefeln. Getanzt wird bis in den frühen Morgen. Manche der Teilnehmer reisen schlappe 1500 Kilometer zum gesellschaftlichen Ereignis des Jahres an.

Die Southern Alps ragen wie eine Wand aus der trockenen Steppe der Südinsel auf. Ganz rechts ist der höchste Berg Neuseelands, der 3757 Meter hohe Mount Cook, zu sehen.

Unbeschwerte Tage

Eine kleine, ziemlich heile Welt – das ist Neuseeland. Und das ist kein Wunder. Die nur drei Millionen Einwohner konnten von der üppigen Natur noch nicht so viel kaputt machen. Die reicht vom subtropischen Norden bis zu den schneebedeckten Alpen im Süden.

Vor allem die wilde Schönheit der Südinsel hat es uns angetan. Auf der Ostseite fahren wir durch trockene Steppen und raue Berglandschaft. Sobald wir jedoch den Gebirgskamm in der Mitte überquert haben, wechselt das Bild dramatisch. Dichtester Regenwald wuchert. Bis zu sieben Meter Niederschlag, das zehnfache eines deutschen Durchschnittswertes, fallen hier jährlich.

Die Neuseeländer sind verrückt nach Sport. Das hat nichts mit gewöhnlicher Körperertüchtigung zu tun. Die Bewegung muss möglichst einen Zentner Adrenalin freisetzen und sie muss in der Natur stattfinden. Das Bungeejumping wurde hier kultiviert. Der erste Mensch, der den Mount Everest erklomm, wurde in Neuseeland geboren. Auch wir werden angesteckt. Von Dennis.

Es ist ziemlich genau ein Jahr her. Da trafen wir ihn, als er als Trainer des neuseeländischen Kajak-Nationalteams am Sambesi weilte und uns einlud. Jetzt staunt er nicht schlecht, als wir wirklich vor dem Tor seiner Farm stehen. Er revanchiert sich für die Überraschung. Ohne Vorwarnung setzt er uns in ein Wildwasserkajak, zeigt uns noch schnell ein paar Paddelschläge und wie man im Notfall aus dem Ding herauskommt. Am nächsten Tag sollen die erlernten Fähigkeiten zur dringenden Anwendung kommen. Dann rauschen wir einen für unseren Geschmack sehr turbulenten Fluss hinab, wobei wir mehrmals den Notausstieg trainieren müssen.

Sehr schnell gehen zehn unbeschwerte Wochen auf den zwei friedlichen Inseln zu Ende. Gern wären wir noch länger geblieben. Doch in Patagonien, unserem nächsten Ziel, beginnt gerade der Sommer.

Unbeschwertes Dahingleiten in der üppigen Natur

Küstenlandschaft auf der Nordinsel

Akkord: 50 Millionen Schafe soll es in Neuseeland geben. Die wollen alle geschoren werden.

Das subtropische Klima der Nordinsel lässt diese außergewöhnlich großen Farne auf der Coromandel-Halbinsel entstehen.

Aufruhr

Nach 9 Monaten Aufenthalt in den angelsächsisch geprägten, kulturell eintönigen Ländern spüre ich förmlich, dass es in Südamerika wieder spannender zugehen wird. Die neue große Herausforderung beginnt bereits bei unserer Ankunft am Flughafen in Buenos Aires. Niemand spricht die uns bekannten Sprachen. Bitte und Danke – das ist unser Wortschatz in Spanisch. Eine Änderung dieses Zustandes ist unbedingt nötig, nicht nur um alltägliche Probleme, wie die Auslösung der Motorräder aus dem Zoll, zu bewältigen. Die Kontakte zu den Menschen waren bisher ein Hauptbestandteil der Reise. Um unserem Anspruch gerecht zu werden, brauchen wir ein Minimum an gemeinsamer Sprache. Zwanzig neue Vokabeln täglich werden zur selbst auferlegten Pflicht.

Das neue lateinamerikanische Lebensgefühl überwältigt und fesselt uns dermaßen, dass wir uns stundenlang staunend in die Stadtbusse von Buenos Aires setzen und der uns ungewohnten Welt einfach nur zusehen. Wir genießen sie vom ersten Moment an. Nach Australien und dem kleinen Bruder Neuseeland erscheint das Leben in Argentinien zweihundert Prozent rassiger und unterhaltsamer.

Doch Wolken verdunkeln das Land. Argentinien durchlebt zum Zeitpunkt unserer Ankunft eine schlimme Wirtschaftskrise. Die Banken haben das Geld ihrer Klienten eingefroren. Plötzlich ist es nur noch ein Drittel wert, oft komplett verloren. Man gibt Schuldscheine an 80-jährige aus, die sie in 20 Jahren einlösen dürfen. Die

Die Hälfte der Einwohner Argentiniens lebt in und um Buenos Aires. Je weiter wir nach Süden vordringen, umso einsamer werden die Gegenden. Am Grenzübergang zu Chile, dem Paso Roballos, ist man so glücklich über unser Erscheinen, dass wir durch stetiges Nachschenken von Traubenschnaps zweieinhalb Stunden festgehalten werden.

Räuber in Nadelstreifen haben Fenster und Türen der Geldhäuser mit dicken Eisenplatten verbarrikadieren lassen. Auf den Straßen demonstrieren die Beraubten. Tag und Nacht klopfen sie aus Protest mit Hämmern gegen die Platten, um den mächtigen Dieben keine Minute Ruhe zu gönnen. Die Situation ist angespannt. Innerhalb von zwei Monaten gaben sich fünf Präsidenten die Klinke in die Hand. In der Krise bekommen wir auch einen kleinen Einblick in die argentinische Seele. Bei aller Verzweiflung hören wir Sätze wie diese: „Das ist Argentinien. Die Politiker sind korrupt. Ohne unsere Schuld sind wir gerade zwei Drittel ärmer geworden. Doch wir lieben unser Land. Kommt, lasst uns eine Flasche guten Wein aufmachen!"

Rechts: Nichts könnte unseren Eindruck von Argentinien besser beschreiben, als eines meiner Lieblingsfotos der Reise – eine Straßenszene aus dem Stadtteil La Boca in Buenos Aires.
Ein Stillleben, wobei die Betonung auf der zweiten Worthälfte liegt. Das Traurig-Hoffnungslose des Ensembles aus lahmgelegtem Auto und schlafendem Bewacher steht im Kontrast zum mit der Argentinischen Flagge geschmückten Balkon und den neugierigen, Hoffnung ausstrahlenden Kindern, die hinter dem Vorhang hervorlugen.
Eine genial-tragische Figur wuchs in diesem Viertel auf und spielte bei den Boca Juniors – Diego Maradona.

Während unseres Aufenthaltes in Buenos Aires gehören meist friedliche Proteste zum Straßenbild. Wir können trotz der Spannungen völlig unbehelligt durch die Straßen dieser lebendigen Stadt schlendern.

Nachdem wir uns in Buenos Aires akklimatisiert haben, brechen wir gen Süden auf. Vor uns liegt eine windgepeitschte Ebene, die Pampa. Uns wird schnell klar, warum dieser Ort so gerne als Verbannungsort ungezogener Kinder dient: Für tausende Kilometer sehen wir nichts als flaches Weideland. Auch wenn hier nicht viel Schatten ist, so gibt es dennoch Licht. Immerhin wachsen die berühmten Rinder mit dem berühmten Fleisch genau hier auf, was wir uns allabendlich über dem Feuer nochmals vergegenwärtigen. Die Steaks, genossen im Originalambiente, übertreffen jede Erwartung. Die Landschaft gewordene Langeweile hat einen weiteren Vorteil – man kann während der Fahrt bequem Spanisch lernen. Tankstellen werden in der Einöde zum Höhepunkt des Tages.

Irgendwann haben wir genug vom Gleichen und biegen gen Westen, Richtung Anden, ab. Monumental schiebt sich das Rückgrat Südamerikas langsam in unser Blickfeld. Auf der berühmten Ruta 40, einer Schotterstrecke, die sich über 5000 Kilometer entlang der Anden durch ganz Argentinien zieht, geht es weiter nach Süden.

Die Piste führt durch menschenfeindliche Steinwüste, rechts die Berge links unendliche Ebene. Nur winzige moosartige Frühlingsblumen halten den Naturgewalten Kälte, Dürre und Wind stand und sind nicht zuletzt deshalb eine wunderbare Aufmunterung für die einsame Seele. Nach drei Tagen werden wir für unsere Geduld belohnt. Eine Stichstraße führt geradewegs in die Anden: Der Fitzroy und der Cerro Torre sollen zu den schönsten Bergen unserer Reise werden. Am Fuße des wie eine Festung wirkenden Fitzroy schlagen wir unser Zelt auf und bleiben in der großartigen Kulisse für drei Wochen hängen.

Oben: Die Robben werden oft Beute der Orca-Wale, die sie bis auf den Strand verfolgen.

Unten: Seeelefanten, die größten Robben der Welt, lassen sich von unserer Anwesenheit nicht beeindrucken. An der Atlantikküste Argentiniens können wir sie völlig unbehelligt beobachten.

Oben: In Punta Tombo, einer Bucht am Atlantik, lebt eine halbe Million dieser Pinguine. Ich stehe vor der tierischen Version der Sieben Zwerge, (inklusive des Trödlers hinten auf der Straße) auf dem Weg zur Schule.

Unten: Wenn ich es in jungen Jahren zu arg trieb, verwunsch man mich immer in die Pampa. Liebe Eltern und Lehrer – so sieht es da aus. Es gibt nichts als flaches Weideland. Im besten Fall ist es grün, ansonsten trocken, karg und braun.

LA PAMPA
PATAGONIA ARGENTIN
LEY NAC. 23272 – LEY PROV. 17

Die trockene Version der Pampa - eine Steppe am Fuße der Anden entlang der 5000 Kilometer langen National „Straße“ 40.

Die für mich schönsten Berge der Welt: Links der Cerro Torre und rechts der Fitzroy.

Vom Winde verweht – an der Magellanstraße passen sich die Bäume den Windgewalten an.

Patagoniens Wind ist berüchtigt. Ein paar Mal hat er uns bereits von der Ruta 40 in den Straßengraben geblasen. Trotzdem hielten wir all die Geschichten über die Naturkräfte in diesem Teil der Welt für etwas übertrieben. Bis wir sie am eigenen Leibe spüren.

Wir wollen zum Fuße der spektakulären Berge wandern. Ein Pfad windet sich durch lichten Buchenwald. Nach drei Stunden bezwingen wir die letzte Kuppe einer Moräne und haben einen schier atemberaubenden Ausblick auf den Cerro Torre. Grazil und unnahbar streckt der Berg seinen Gipfel in den Himmel. Von hier unten scheint es unvorstellbar, dass auf der nadelförmigen Granitspitze überhaupt jemand stehen könnte. Und doch wurde der Berg schon bezwungen, allerdings erst 1970 – 17 Jahre später als der fast 6000 Meter höhere Mount Everest.

Am Basislager treffen wir einen australischen Bergsteiger, der seit 13 Sommern seinen Urlaub opfert, um auf den Gipfel zu gelangen. Bisher vergeblich. Er würde drei Tage guten Wetters benötigen, damit die Granitplatten eisfrei bleiben und er nicht aus der Wand geblasen wird. Doch der Wind treibt ständig vom dahinter liegenden Patagonischen Inlandeis, dem außerhalb der Polkappen größten Eisfeld der Welt, Wolken und Schneestürme heran.

Als ob unsere zweifelnden Gedanken sofort bestraft werden sollen, erteilt uns die Natur eine Lektion. Eine Stunde, nachdem wir im schönsten Sonnenschein das Panoramafoto vom Berg machen konnten, frischt der Wind auf. Im nächsten Moment wird der Gipfel komplett von einer Wolke umhüllt. Ein Sturm kommt auf und peitscht meterhohe Wellen über den Gletschersee,

Rechts: Blick über den Gletschersee auf einen der am schwersten zu besteigenden Berge der Welt, den Cerro Torre.

El Chalten, rauchender Berg, nannten die Tehuelche Indianer diesen Ort. Auf dem Foto kann man den Grund dafür erahnen. Die ersten Strahlen der Morgensonne lassen den Gipfel des Fitzroy glühen. Der beständig wehende Westwind treibt die Wolkenfetzen vom Pazifik an der 3406 m hohen exponierten Kuppe vorbei. Ein paar bleiben immer hängen.

treibt kleine Eisberge vor sich her. Es wird unmöglich, aufrecht zu gehen. Ich will stärker sein, als das „bisschen" Wind. Prompt werde ich von einer Windböe erfasst und – umgeworfen. Es ist nur ein kurzes Stück bis zu einem Schutz bietenden Hang. Den Weg lege ich einen komischen Anblick bietend auf allen Vieren zurück. Welche Kraft muss der Sturm 2000 Meter weiter oben auf der Granitnadel haben – der Horror eines jeden Bergsteigers!

Drei Tage lang fahren wir weiter durch die einsame windzerzauste Steppe Südpatagoniens, bis wir die Magellanstraße erreichen. Am Strand liegen mehrere Schiffswracks, Zeugen der Gefährlichkeit dieser Abkürzung für Schiffe, welche ansonsten die noch schlimmere Strecke um Kap Horn fahren müssten.

Einer wackligen Fähre haben die Stürme erstaunlicherweise bisher noch nichts anhaben können. Sie bringt uns auf die andere Seite nach Feuerland, den südlichsten Punkt des Kontinents. Noch einmal müssen wir zwei Tage lang fahren, um Ushuaia, die Stadt am Ende der Straße und damit die südlichste der Welt, zu erreichen. Sie liegt auf dem gleichen Grad südlicher Breite wie Hamburg auf der Nordhalbkugel, doch selbst jetzt, zu Sommeranfang, fallen Schneeflocken. Nur 1000 Kilometer Wasser zwischen hier und der Antarktis machen dies möglich.

An der äußersten Ecke Südamerikas verbringen wir zwischen glasklaren Flüssen und sturmkahlen Bergen den zweiten Jahreswechsel der Reise.

Ab Feuerland geht es nur noch nordwärts. Der gesamte Amerikanische Doppelkontinent liegt vor uns. In diesem Moment wissen wir noch nicht, dass er für mehr als drei Jahre quasi unsere Heimat werden wird.

Patagonien fesselt uns auch deshalb, weil sich hier die Kräfte der Natur austoben und der Mensch, will er überleben, sich ihnen anpassen muss. Dies selektiert. Übrig bleiben willensstarke, interessante Charaktere. Derartige Vorbilder helfen auch uns, in misslichen Situationen bis an die Grenze zu gehen. So manche Nacht lässt uns der Wind nicht schlafen, droht, unser Zelt davonfliegen zu lassen. Wie sehr das ständige Pfeifen an den Nerven zerrt, merken wir erst nach ein paar Tagen, als plötzlich Stille herrscht.

Andere Probleme sind selbstverschuldet. Wir befinden uns gerade in einer der

Oben: Je größer die Herausforderungen sind, umso höher scheint die zu erwartende Belohnung auszufallen. Nach Tagen des Staubes und der Kälte erreichen wir den Perrito Moreno Gletscher. Kalt ist es hier immernoch. Doch das gebotene großartige Schauspiel entschädigt. Seine fünf Kilometer breite und 60 Meter hohe Zunge schiebt sich mit hoher Geschwindigkeit in einen See. Es ist nur eine Frage der Zeit, bis unter beeindruckendem Krachen hochhausgroße Brocken abbrechen und in die Fluten stürzen. Stundenlang sitzen wir vor den weißblauen Eismassen in der ansonsten sattgrünen Landschaft und genießen den fast surrealen Anblick.

Unten: Ein Stück weiter nördlich zeigt sich die Natur etwas zahmer, aber nicht minder schön. Das Wasser der unberührten Flüsse und Seen im Nationalpark Los Alerces ist so blau und so klar, dass die Färbung schon unnatürlich wirkt.

Grenzen bewachen kann eine einsame Angelegenheit sein, zumindest im Süden Argentiniens. Während sein Papa unsere Pässe stempelt, muss ich mit dem Sohn längst verlernte Fertigkeiten üben. Er wohnt in den Ferien während der 30-tägigen Schicht mit den Soldaten in der Pampa. Seine einzigen Spielkameraden sind ein paar Pferde. Da ist natürlich jede Abwechslung höchst willkommen, besonders wenn es ein Gringo ist, der auch mal Steine schleudern will. Auf diese Weise kann ein Grenzübertritt schon mal zwei Stunden in Anspruch nehmen.

Bei dieser Reifenreparatur sind ein wenig Improvisationstalent und sehr viel Geduld gefragt. Einen Neuen gibt es im günstigsten Fall erst tausend Kilometer weiter. Fremde Hilfe käme sicher auch irgendwann. Doch das kann bei einer Verkehrsdichte von etwa zwei Fahrzeugen am Tag lange dauern.

einsamsten Gegenden Südamerikas inmitten der baumlosen Pampa. Der nächste größere Ort ist mehrere Tagesreisen entfernt. Der Wind bläst unbarmherzig. Ausgerechnet hier habe ich die Lebensdauer der Reifen auf den scharfen Steinen überschätzt. Deshalb können diese in mühevoller Kleinarbeit ein daumengroßes Loch in den dünnen Rest Gummi fräsen, was mir reichlich Gelegenheit verschafft, meinen Fehler wieder gut zu machen. Ich muss den Reifen abziehen, das Loch flicken, ein paar neue Lagen alten Schlauches unterlegen, um den reparierten zu schützen, den Reifen (mittlerweile unter reichlich Flüchen) mit der Fahrradpumpe aufpumpen. Der vom Wind aufgeblasene Staub und die eiskalten Finger sind bei dieser Übung wenig hilfreich. Dreißig Kilometer später kündet ein abrupt schlingerndes Hinterrad von einer Wiederholung der Prozedur. Dies geschieht an diesem Tag vier Mal.

Als meine Kräfte am Ende sind und der Verzweiflung weichen wollen, findet sich im Straßengraben ein alter, eigentlich unbrauchbarer Reifen. Er soll meine Rettung sein. Ich kann ein Stück herausschneiden und unterlegen, eine brauchbare Lösung bis zur nächsten Versorgungsmöglichkeit.

Derartige Begebenheiten verleihen mir das nötige Selbstbewusstsein, dass es auch weit weg von Mobilitätsgarantie und Vollkaskoversicherung auch weitergehen kann, weitergehen wird. Diese Gelassenheit gegenüber dem Unvorhersehbaren musste ich mir hart erarbeiten. Am Anfang der Reise waren Ängste dieser Art die schwerwiegendsten.

Heiß: Die andere Hälfte des Sitzbezuges – perfekt zubereitet.

Bequem: Die Füße werden noch abgeschnitten und die Rückseite mit Salz eingerieben. Dann ist der original argentinische Sitzbezug fertig.

Revanche: Wir sind richtig froh, die vielfältige Hilfe die wir unterwegs bekamen mit ein paar Litern Benzin zurückzahlen zu können. Die liegengebliebene Familie kann so ihren Sonntagsausflug unbeschwert fortsetzen.

Fernando fährt eine 30 Jahre alte BMW. Wieder einmal wirkt das Motorrad als Vermittler, ein nicht zu unterschätzender Vorteil, und bringt uns in Kontakt. Dem Kontakt folgt eine Einladung. Stolz zeigt er uns sein neu erbautes Wochenendhäuschen. Mit dessen Vermietung und dem Frisieren der Pudel reicher Landsleute hält sich der Fünfzigjährige während der Wirtschaftskrise über Wasser.

Für ein paar Tage haben wir die Chance, am Leben der Kleinstadt El Bolson teilzunehmen. Unser neuer Freund ist Argentinier mit Leib und Seele, das heißt sehr lebenslustig und sehr melancholisch zugleich. Auch wenn das Geld für Essen manchmal knapp wird, eine gute Flasche Rotwein hat er immer im Haus. Ein weiteres „Standbein" ist Hillary, seine nach einer Präsidentengattin benannte Sau. Die lebt vom Fallobst der Apfelbäume und soll der Fleischvorrat für den kommenden Winter werden.

Fernando ist auch pragmatisch. Mitleidig blickt er auf unsere eher harten Sitzbänke. „Da muss ein Schaffell drauf, wie auf jedem ordentlichen Motorrad in Argentinien", verkündet er seine Überzeugung.

Flucht aus den Bergen: Während die Anden, vor allem auf der Pazifikseite in Chile, viel Wasser abbekommen, bleibt die argentinische Pampa meist trocken.

Nachmittags kommt die BMW den Hügel hochgetuckert. Auf dem Rücksitz ist nicht weniger, als ein ganzes Lamm verzurrt. Es musste für meinen Hintern und für ein Asado (die argentinische Kunst des Fleischgrillens) sein Leben lassen.

Am nächsten Tag soll der Festschmaus stattfinden. Wie jeder Argentinier beherrscht Fernando die Kunst der Fleischzubereitung. Als wir morgens aus dem Zelt kriechen, brennt bereits ein kleiner Scheiterhaufen. Das mit einer Mischung aus Öl, Knoblauch und Kräutern eingepinselte Lamm wird ziemlich römisch an ein Stahlkreuz gebunden, welches in die Erde gerammt und schräg über die heiße Glut gebogen wird. Auf diese Weise sind die dicksten Teile, die Hinterbeine, der Glut am nächsten und werden gleichzeitig mit dem Rest gar. Mittags hält es niemand mehr aus. Zusammen mit ein paar Freunden Fernandos beginnen wir das große Fressen. Dazu fließt reichlich Rotwein. Schon allein für diesen Geschmack würde ich sofort nach Argentinien zurückkehren.

Von Gletschern geformte Seenlandschaften dominieren diesen Teil Argentiniens.

Links: Gauchos, die südamerikanischen Hirten mit ihren wettergegerbten Gesichtern, sind in den einsamen Gegenden die einzigen menschlichen Lebewesen, denen wir begegnen. Sie verkörpern diesen freien, mit dem Land verbundenen Lebensstil, der in einer verplanten und technisierten Welt keine Chance mehr hat. In bestimmten Momenten fühle ich mich ihnen sehr nahe. Die Körpersprache des Mannes drückt den Stolz dieses selten gewordenen Berufsstandes aus.

Oben: Wasserfälle sind für uns oft die ganz besonderen Schauspiele der Natur. Die beeindruckendsten stürzen am Rio Iguacu zwischen Argentinien und Brasilien mit unglaublicher Gewalt in die Schlucht. Das Foto zeigt nur einen kleinen Ausschnitt eines der größten Naturwunder der Erde. Ein paar Zahlen vermögen nur ansatzweise unseren überwältigten Eindruck zu beschreiben: Auf fast drei Kilometern Breite ergießen sich bis zu 7000 Tonnen Wasser pro Sekunde in 275 einzelnen Fällen zu Tal.

Knapp 5000 Meter über dem Meeresspiegel sehen wir für hunderte von Kilometern keine Menschenseele.

Vegetationsfreie Erdoberfläche auf dem Andenpass.

Wüstenvegetation in den mineralienreichen Bergen in Argentiniens Norden.

Feuer und Eis

In Chile wird die Reise ein Ausflug in die Geschichte, auch in unsere eigene. Der ungeliebte Exchef Honecker liegt hier begraben. Das Land hat zum ersten Mal eine Frau zur Präsidentin gewählt. Frau Bachelet lebte 13 Jahre in Leipzig und Berlin, arbeitete in der DDR als Kinderärztin. Sie war vor dem Regime Pinochets geflohen – genau wie Washington, den wir in dem völlig abgelegenen Dorf Cochrane treffen. Er verbrachte mehrere Jahre im Exil als Spanisch-Lehrer in Schweden, bevor er in seine Heimat zurückkehren konnte. Jetzt bewirtschaftet er eine Farm in der Wildnis am Ende einer mehr als tausend Kilometer langen Sackgasse am unteren Ende Chiles.

Der Spanischlehrer und Bauer Washington.

Oben: Die Ostseite des riesigen Lago General Carrera bekommt wenig Regen ab, deshalb die karge Vegetation. Die Idylle des Fotos trügt. Ein Sturm fegt gerade durch das Tal. Deutlich sind die vom Wind aufgepeitschten Schaumkronen zu sehen.

Unten: Der selbe See und eine andere Welt auf der Westseite. Hohe Niederschlagsraten lassen hier Meere gelber und violetter Lupinen wachsen. Das bunte Grün ist nach der braunen Pampa auf der anderen Seite der Anden in Argentinien eine Freude für die Sinne.

Die patagonische Brückenkonstruktion lässt sich nur nach einer Nacht Bedenkzeit und nur in Zeitlupe bewältigen.

Ausgerechnet Herr Pinochet ließ diese Straße aus Angst vor einer argentinischen Invasion in den äußersten, bisher unerschlossenen, Süden des Landes bauen. Man nannte sie Carretera Austral. Der Diktator ist längst Vergangenheit, doch die Piste gibt es noch. Sie windet sich entlang mächtiger Flüsse, vorbei an Gletschern und Vulkanen, bis ihr ein unüberwindlicher Eispanzer im Süden des Landes Einhalt gebietet. Wir folgen ihr bis da hin, erforschen Pisten in den Regenwald, lassen uns von der großen Kulisse begeistern. Charles Darwin hat unsere Beziehung zu Patagonien sehr gut beschrieben: "Warum, und das geht nicht nur mir so, kommen meine Gedanken von diesem kargen Land nicht mehr los? Ich kann es schwerlich erklären, aber es mag vielleicht daran liegen, dass es die Horizonte unserer Fantasien erweitert."

Ich vergewissere mich noch einmal. Ja! Auf der Karte ist eine Straße eingezeichnet. Doch vor uns steht nur noch das Skelett einer Brücke. Da rüber? Das Contra: Der Fluss ist 70 Meter breit, mindestens 4 tief und eiskalt. Das Pro: Er ist glasklar, so dass wir nach dem Bad sehen würden, wo das Motorrad beerdigt ist. Heute bin ich zu kaputt für eine Entscheidung. Das Zelt wird aufgestellt, um dem Gehirn eine Nacht Zeit zu geben.

Es hat sie nicht genutzt. Ausgeschlafen hat die Angst gegen den Leichtsinn keine Chance. Mit wackligen Beinen bringe ich das Motorrad in Position. Die Idee ist, mich mittels Kupplung und Motor langsam vorzuarbeiten und die Fuhre dabei mit den Füßen abzustützen. Das geht nur anfangs gut. An der ersten engen Stelle muss ich entsetzt feststellen, dass bei den schmalen Bohlen nie genug Stabilität zu erreichen ist, zumal der Wind kräftig von der Seite bläst. Ein Zurück gibt es nicht. Leichte Panik steigt auf. In diesem Moment rettet mich der Blick auf den leicht verfaulten Balken rechts neben

Eine junge Araukarie wächst in der Asche des aktiven Vulkans Llaima. Links vom Gipfel ist seine ständig wehende Rauchfahne zu erkennen.

Sein ruhiger Kollege, der inaktive Osorno, glänzt mit perfekter Kegelform und einem vergletscherten Gipfel.

mir. Mit etwas Überwindung kann ich dort einen Fuß abstützen und unser wackliges Ensemble in ein „stabiles" Dreieck verwandeln.

Im Nachhinein staune ich oft selbst über meine „Dummheiten". Ironischerweise sind es gerade solche Extremsituationen, die am liebsten und längsten im Gedächtnis haften bleiben.

Die Anden sind ein verhältnismäßig junges Gebirge. Deshalb bricht noch des öfteren die Erde auf und entlässt die angestauten Kräfte. Zahlreiche Vulkankegel, wie der aktive Llaima, flößen uns Respekt vor den schlummernden Urgewalten ein. Die Rauchfahne über seinem Gipfel kündet davon, dass er sich nur vorübergehend zur Ruhe begeben hat. Eine holprige Piste führt uns durch die pechschwarze Lava am Fuße des Berges. Sie stammt von seinem letzten großen Ausbruch im Jahre 1954. Damals wurde die Landschaft in weitem Umkreis unter einer meterdicken Ascheschicht begraben.

Ein Stück weiter wächst der vergletscherte Gipfel des Osorno in den Himmel. In diesem explosiven Landstrich sehen wir manchmal drei Vulkane gleichzeitig.

Je weiter wir nach Norden vordringen, umso höher schrauben sich die Andenpässe. Den Beamten am Grenzübergang Paso Pichachen müssen wir erklären – wir hatten die Prozedur bereits ausreichend oft hinter uns – wie das mit der Einfuhr der Motorräder funktioniert. Die Gegend ist so abgeschieden, dass sich sonst kein Fremder hierher verirrt.

Links: Araukarien gehören zu der ältesten existierenden Baumfamilie der Erde. Die frühesten Funde lassen sich 50 Millionen Jahre zurückdatieren. Die Natur ließ sich einiges einfallen, um so lange zu überleben. Die dicke, graue Rinde der Araukarien ist sogar resistent gegen die heiße Lava ausgebrochener Vulkane. Die bizarren Bäume können bis zu 2000 Jahre alt werden. Ihre esskastanienähnlichen Samen werden, über dem Feuer geröstet, für Tage Teil unserer Nahrung.

Rechts: Wir wollen gerade die Tiefe der Furt am Pichachen Pass erkunden, als diese Herde halbwilder Pferde vorbeigaloppiert.

Chiles Norden ist von karger, fast abstrakter Schönheit. Jedes Grün hat allen Tönen in gelb, rot und braun Platz gemacht. Über allem liegt ein Himmel von solch intensivem Blau, wie man es nur in extremen Höhen findet.

In nur zwei Stunden gelangen wir aus einem auf 500 Meter gelegenen Tal am Fuße der Anden auf 3800 Meter Passhöhe. Wir glauben uns bereits hoch oben. Doch vor unseren Augen wächst der Aconcagua, der mit 6960 Metern höchste Berg Amerikas, in den Himmel. Unsere Gehirne spielen verrückt. Schuld ist der plötzliche Sauerstoffentzug in der dünnen Luft. Wir fühlen uns fast schwerelos, allerdings nicht wegen der grandiosen Aussicht. Der abgehobene Zustand ist ein erstes Zeichen der gefährlichen Höhenkrankheit. Unser rascher Aufstieg war gegen alle Regeln. Normalerweise muss sich der Organismus langsam an die Höhe gewöhnen. Zum Glück bringt uns der Pass auch genauso schnell wieder nach unten. Doch wir sollen noch ganz andere Höhen erleben.

Wesentlich weiter hinauf führt uns die Strecke am Rande der Atacamawüste. Die mit Neuschnee bedeckten Berge am Horizont bilden die Grenze zu Bolivien. Auf dem Plateau gibt es kein schnelles Zurück in geringere Höhen. Die Gegend ist hart zu jedem Lebewesen, auch zu uns. Wir akzeptieren schlaflose Nächte mit Kopfschmerzen, von der Sonne verbrannte Gesichter und von der Kälte aufgeplatzte Lippen als Preis für das extreme Naturerlebnis.

Oben: Im Grenzbereich – Mensch und Maschine müssen auf 5000 Meter über dem Meer ihre letzten Reserven abrufen. Die Temperaturen liegen um den Gefrierpunkt. Ein Sturz im eisigen Wasser wäre fatal.

Links: Die sechseinhalb Tausend Meter hohen Vulkanzwillinge Parinacota und Sajama spiegeln sich im letzten Licht der Abendsonne.

Rechts: Die einsame Statue auf der Passhöhe markiert die Grenze zwischen Chile und Argentinien. Sie blickt geradewegs auf den höchsten Gipfel Amerikas, den Aconcagua.

Sonnenuntergänge werden auf dem Dach Amerikas zu einer Inszenierung. Das Schauspiel der Farben dauert nur wenige Augenblicke, bevor die eiskalte Nacht hereinbricht.

Badewanne mit Aussicht – eine heiße Quelle inmitten eines Salzsees wird zu einem der schönsten Übernachtungsplätze Südamerikas.

Seit Tagen führt uns der Weg durch lebensfeindliche und atemberaubend schöne Landschaft. Kurzfristig überquert die Piste, in dieser Einsamkeit ohne jede offizielle Kontrolle, die Grenze nach Bolivien. Schilder und Stacheldrahtfetzen warnen, dass wir uns gerade in einem Minenfeld befinden, Überbleibsel des Krieges um die Salpetervorkommen in den Bergen. Die Gedanken schweifen: Wegen ein wenig Dünger hat man diese absolut einsame Gegend mit hinterhältigen Geräten bestückt, die einen beim Betreten in Stücke reißen. „Man" ist in diesem Fall die sich selbst so bezeichnende „zivilisierte" Gesellschaft, nicht die Aymara Indianer, die nach wie vor in ihren Lehmhütten der Natur ihr Überleben abringen. Bolivien und Chile haben nur einen kleinen Teil ihres Gebietes vielleicht für immer unbrauchbar gemacht. Anderswo werden wegen einer klebrigen schwarzen Brühe – aus der auch das Benzin für unsere Motorräder gemacht wird – ganze Länder und Kulturen vernichtet. Manchmal fällt es schwer, optimistisch zu bleiben.

Doch es ist möglich: Nur etwa drei Kilometer von dem Minenfeld entfernt finden wir einen in diesem Moment paradiesischen Ort. Inmitten der unendlichen weißen Ebene eines um diese Jahreszeit ausgetrockneten Salzsees sprudelt eine Quelle. Heißes Wasser kommt hier aus der Erde und beschert uns eine überlebensgroße Badewanne mit einer Aussicht, die man mit Geld nicht bezahlen könnte. Das Zelt stellen wir wegen der eisigen Andenwinde im Schutz eines Steinwalles auf. Während die Lufttemperatur

Aus der Atacamawüste geht es direkt in die Schneewüste auf 5000 Meter über dem Meer – die Grenze zu Bolivien.

langsam unter den Gefrierpunkt sinkt, lassen wir es in unserer Quelle liegend Nacht werden. Der Sternenhimmel nimmt langsam eine vorher nicht gesehene Vielfalt an. Die Luft ist so trocken und klar, wie sie es nur in Wüsten sein kann. Kein künstliches Licht einer Stadt verwäscht den Blick. Außerdem sind wir dem Himmel 4000 Meter näher als sonst üblich.

Vor einer Stunde haben wir bei der Ausreiseprozedur noch geschwitzt. Die chilenische Grenzstation lag unten im Dorf San Pedro in der Atacamawüste. Anschließend katapultierte uns die Straße förmlich den Berghang des Vulkans Lincancabur hinauf. Eine Stunde später und 2500 Meter höher stehen wir an der Grenze zu Bolivien und – wissen nicht weiter.

Der Neuschnee ist schwierig bis gar nicht zu befahren. Laut Karte soll es für die nächsten 400 km kaum unter 4000 Meter Meereshöhe gehen. „Was, wenn die ganze Strecke so aussieht?“, oder schlimmer, „Könnten wir vielleicht in der weißen Wüste komplett stecken bleiben?“ In der Ferne lässt sich eine Hütte ausmachen. Sie entpuppt sich als die bolivianische Grenzstation, wobei Unterschlupf der wohl passendere Ausdruck wäre. Zwei kahle Räume mit Eiskristallen an den Wänden, ein Gaskocher, ein Schreibtisch – mehr ist nicht. Der nächste Ort – zwei Tagesreisen entfernt. Doch die Menschen geben Auftrieb. Die Beamten ermuntern uns, dass der Schnee entlang des Weges weniger würde. Auf nach Bolivien!

Tiefgefroren

Der Andenhauptkamm teilt sich in Bolivien in zwei Bergketten, die ein karges Hochland umschließen, das Altiplano. Ganz im Südwesten dieses abflusslosen Gebietes befindet sich der schwer zugängliche Salar de Uyuni – ein Salzsee von 100 Kilometern Durchmesser. Auf Wegen, die kaum existieren, durchqueren wir vier Tage lang völlig unbewohntes Gebiet, um zu diesem Juwel zu gelangen. Umso überwältigender entfaltet sich eine der großartigsten Landschaften der Reise vor unseren Augen. Da gerade Trockenzeit herrscht, können wir die gut einen halben Meter dicke Salzkruste befahren. Das Erlebnis, in dieser blendenden Unendlichkeit auf 3500 Metern Meereshöhe dahinzufliegen, ist nahezu meditativ. Unsere Augen klammern sich an den Horizont. Ansonsten würden wir im konturlosen Weiß völlig das Gleichgewicht verlieren. Die Natur ist noch nicht fertig, hält noch eine Überraschung bereit. Aus der Mitte des Sees ragt eine Insel empor, auf der Kakteen, höher als Laternenpfähle, wachsen. Sie sind nur hier und sonst nirgendwo in weitem Umkreis zu finden.

Nachts im Zelt zeigt das Digitalthermometer minus 18 Grad an. Das ist die letzte Angabe, bevor die Batterien wegen der Kälte aufgeben. Für das Zähneklappern entschädigt uns diese Gegend mit Bildern: Seen in Türkis und Pink, Flamingoschwärme oder rauchende Vulkane – unglaublich, wie schön die Welt sein kann.

Oben: Der markante Fels im Hochland heißt in der Landessprache Arbol de Piedra, Versteinerter Baum.

Unten: Die Erdkruste ist in den Anden an vielen Stellen sehr dünn, weshalb wir oft auf Anzeichen vulkanischer Aktivität treffen. Aus diesem Geysirfeld zischen Dampffontänen gen Himmel. Gefährliche Schlammlöcher gluckern. So muss des Teufels Küche aussehen.

Links: Der Blick von der Insel auf den Salzsee.

Die landschaftliche Einmaligkeit und wohl auch die Sauerstoffarmut der Höhe versetzen uns auf dem Salar de Uyuni in einen regelrechten Rausch. Der Vulkan Tunupa im Hintergrund hilft uns bei der Orientierung in der weißen Weite.

Der Lkw dient als Bus und wartet auf seine Passagiere. Der Fahrplan ist anders aufgebaut, als in Europa üblich. Abfahrt ist genau dann, wenn der letzte Platz auf der Ladefläche besetzt ist. Das Gepäck wurde bereits über dem Fahrerhaus verladen.

Im abgelegenen Dorf Tarabuco ist Markttag. Aus den umliegenden Orten des Altiplanos strömen Menschen herbei, um ihren Wocheneinkauf zu erledigen. Alles, Kartoffelsäcke, Hühner und Kleinkinder, wird dabei in bunten Tüchern auf dem Rücken geschleppt.

Ist man nicht von materiellem Überfluss gesegnet, wird das Vorhandene besonders lange gehegt. Die nicht mehr ganz TÜV-konformen Lastwagen würden woanders schon längst nicht mehr fahren. Doch bei einem Tageslohn, der in Europa für den Kauf einer Bratwurst reichen würde, lohnt jede Reparatur.

Die Regeln sind hier den Notwendigkeiten angepasst. Mindestprofiltiefen, wie in deutschen Gesetzeswerken manifestiert, können bei Bolivianern nur ein erstauntes Lächeln hervorrufen. Wir dürfen dafür über die Gottesbeistand beschwörenden Aufkleber schmunzeln, welche die Hälfte der Windschutzscheibe verdecken. So hat jede Kultur ihre eigenen Wege, die Sicherheit auf der Straße aufrecht zu erhalten – irgendwie ein Hoffnungsschimmer in Zeiten fortschreitender Globalisierung.

Potosi war trotz der Höhe von 4100 Metern über dem Meeresspiegel und dem damit verbundenen rauen Klima die einst größte und reichste Stadt Südamerikas. Der Wohlstand der spanischen Krone basierte für Jahrzehnte auf dem Silber, welches aus dem Cerro Rico, dem reichen Berg, geholt wurde. Wie ein Mahnmal trohnt der von Stollen durchlöcherte Gipfel über der Stadt. Geschätzte acht Millionen Sklaven ließen in ihm ihr Leben. Bevor es billiges Messing gab, war ein großer Teil des europäischen Münzsystems auf dem glänzenden Metall aus Potosi aufgebaut. Die Prägeanstalt im Zentrum mit ihren meterdicken Mauern nimmt die Fläche eines ganzen Häuserblocks ein. Aufwendig verzierte Balkone, schwere Eichentüren und die zahlreichen Kirchen sind Zeugen des einstigen Prunks, den sie hervorbrachte.

Rechts: Die Gegenwart Potosis ist weniger pompös als die Vergangenheit. Und doch hätte kein hochbezahltes Model vor dieser Hauseingangstür souveräner wirken können, als jene junge Dame, die das rege Straßenleben beobachtet.

Eugenio arbeitet in der einst reichsten Silbermine der Welt, in Potosi. Er verdient dabei zwei Euro in zwölf Stunden. Wenn es gut läuft. Drei Portionen Koka sind seine einzige "Nahrung" während der Schicht. Die gegen Kälte, Hitze und Hunger taub machenden Blätter werden in die Backen gestopft und dort vier Stunden belassen. So lange hält ihre narkotisierende Wirkung an. Aus anderen Teilen der Welt sind wir schwierige Lebensumstände gewohnt. Trotzdem versetzen uns die mittelalterlichen Arbeitsbedingungen einen Schock. Für die Mineros ist das harte und kurze Leben Alltag. Es beginnt mit 12 und endet im Normalfall mit ungefähr 40 Jahren.

Kokain ist in Bolivien illegal. Kokablätter sind es nicht. Der Kokastrauch gilt bei der indianisch-stämmigen Bevölkerung als heilige Pflanze. Minenarbeiter opfern sie ihrem Gott, um auf reiche Adern zu treffen. Wer eine längere Reise unternimmt, vergräbt ein paar Blätter und hofft so auf eine glückliche Rückkehr.

Traditionell werden die Blätter gekaut, wodurch sie ihre stimulierende Wirkung am besten entfalten. Wir müssen nicht stimuliert werden, nur geheilt. Von den Kopfschmerzen der Höhenkrankheit. Selbst dagegen hilft das Kraut: als Tee genossen. Auch wenn ich neugierig war: Mit Kokain hat das Ganze gar nichts zu tun. Die anregende Wirkung ist schwächer als die von Kaffee.

Wo die Anden steil in das Amazonastiefland abfallen, fahren wir tagelang durch das Anbaugebiet der Kokapflanze. Sie ist sehr anspruchslos, wächst auf Höhen zwischen 1000 und 2500 Metern und bietet vier Ernten pro Jahr. Nur die ganz Naiven dürften daran glauben, dass die Massen an Blättern nur gekaut, geopfert oder getrunken werden. Rund ein Pfund Blätter benötigt man zur Herstellung eines Gramms Kokain. Solange damit sehr viel Geld zu verdienen ist, kann ich die Bauern verstehen, welche lieber die anspruchslosen Büsche anbauen, anstatt Kaffee- oder Kakaobohnen für einen Hungerlohn auf dem Weltmarkt zu verschleudern.

Oben: Zur Erntezeit liegen die Kokablätter auf jeder freien Fläche zum Trocknen aus.

Unten: Kokakauf auf dem Markt

Rechts: Die immer grell gehaltenen Farben der Tücher scheinen ein Ausgleich für die karge Umgebung des Hochlandes zu sein. Die langen Zöpfe der Dame mit dem bunten Wollknäuel am Ende sind typisch für die Gegend.

Ursprünglich stammt die Kartoffel aus den Anden. Etwa 300 verschiedene Arten soll es hier geben. Die freundlichen, umtriebigen Marktdamen sind, wie hier in Sucre, immer mit Enthusiasmus dabei, wenn es darum geht, uns die beste Sorte für eine spezielle Art der Zubereitung zu empfehlen.

Tankstelle I – die heiße Variante im Tiefland

Tankstelle II – die traditionelle Variante im Hochland

Bolivien besteht aus zwei Landesteilen, wie sie unterschiedlicher nicht sein könnten. Im Hochland leben die verschlossenen Aymara und Quetchua Indianer von Weidewirtschaft (Schafe und Lamas) sowie dem Kartoffelanbau. Klima ist hart und der Lebensstandard sehr niedrig.

Viertausend Meter weiter unten im reichen Tiefland sowie in der Übergangsregion zu den Anden ist das Land fruchtbar. Es gedeihen Kaffee, Früchte, Mais und Koka. Außerdem werden hier Erdöl und Erdgas gefördert.

Die beiden Aufnahmen von Tankstellen machen den Unterschied gut deutlich. In Santa Cruz, dem wirtschaftlichen Zentrum des Tieflandes, sollen der heißen Witterung entsprechend gekleidete Angestellte den Umsatz fördern.

Zwei Tagesreisen entfernt in Copacabana am Titicacasee hoch in den Anden ist die Animation überflüssig. Es gibt nur diese eine Möglichkeit zum Tanken. Das Benzin wird uns auf althergebrachte Methode aus dem rostigen Fass gereicht. Beide Varianten sind nicht ohne Reize.

„Pinkeln verboten, Strafe 20 Bolivianos", sagt das aus einem Ölfass geklopfte Schild. In Ländern, in denen der Arm des Gesetzes schwach oder nutzlos ist, muss man dieses selbst in die Hand nehmen. So taten es die Anwohner dieser Bushaltestelle. Die Strafen sind hart. Zwanzig Bolivianos sind zwei Euro oder – ein Tageslohn.

Eiskalter Wind fegt den Müll durch die staubigen Straßen. Wir umkurven umgestürzte Fußgängerbrücken und ausgebrannte Autos, Zeugnisse der Straßenkämpfe, die hier noch vor wenigen Tagen tobten. Sie kosteten -zig Menschen das Leben und den verhassten Präsidenten den Job. Das ganze Land war durch Straßenblockaden lahmgelegt. Wir saßen währenddessen für mehrere Wochen in Sucre fest, zwei Tagesreisen entfernt.

Jetzt kämpfen wir uns durch die Dieselwolken des chaotischen Verkehrs von El Alto, dem auf über 4000 Metern gelegenen riesigen Vorort von La Paz. Über eine Million Menschen lebt in diesem sozialen Brennpunkt. Die explosive Spannung ist noch immer allgegenwärtig. Misstrauische Blicke verfolgen uns, machen Angst. Die löst sich erst, als wir nach langen dunklen Minuten durch die Häuserschluchten des Vorortes plötzlich den großartigen Blick auf den Talkessel, das Zentrum der Friedlichen (das bedeutet zumindest La Paz übersetzt), bestaunen können. Im Hintergrund schimmert der Gipfel des Illimani über der höchstgelegenen Hauptstadt der Welt.

Dörfer auf dem bolivianischen Hochland machen auf mich, den Wohlstandsmitteleuropäer, oft einen trostlosen Eindruck. Der ist natürlich subjektiv. Wenn man um sich herum nur braune Lehmwände auf braunem Lehmfußboden in brauner Landschaft kennt, ist dies vollkommen normal. Viele Bewohner der abgelegenen Dörfer haben noch nie eine Stadt gesehen. Wenn wir nach dem Weg in einen Ort, der womöglich hinter der nächsten Bergkette liegt, fragen, blicken wir oft in verständnislose Gesichter.

Links: La Paz ist eine geteilte Stadt. Die privilegierten Bewohner leben unten, am 500 Meter tiefer gelegenen und wärmeren Talgrund. Die Armenviertel ziehen sich die steilen Hänge hoch und gipfeln im Moloch El Alto.

Oben: Hauptstraße eines typischen Andendorfes

Unten: Die beiden Blechhütten beherbergen eine Reifenwerkstatt. Laut Schild bietet man ebenfalls Lichtbogen- und Sauerstoffschweißen sowie Schmiermittel an.

Links und oben: Die Fotos stammen von der gleichen Stelle der Straße. Der Lkw kuschelt sich an die Felswand, um ein paar Zentimeter mehr Abstand von der tödlichen Kante zu gewinnen.

Auf der Passhöhe wundern wir uns über die vielen Hunde, die uns so erwartungsvoll anschauen. Ein Lkw-Fahrer erklärt das Phänomen. Die Tiere bekommen von jedem, der den Pass hinab fahren möchte, etwas zu Fressen. Die Chauffeure erhoffen sich durch diese Opfergabe höheren Beistand, um die kommenden halsbrecherischen Kilometer heil zu überstehen. Wir müssen ohne Hilfe runter. Die Verwöhnten verschmähen unsere trockenen Kekse.

Wegbegleiter entlang der Straße des Todes

Camino de la Muerte – Straße des Todes. So wird die Route von La Paz bis ins Tiefland des Amazonas genannt. Als so schlimm, wie der Name vermuten lässt, entpuppt sich die Strecke dann natürlich doch nicht. Zumindest nicht für die schlanken Motorräder, an denen sogar die Bremsen funktionieren. Aber für einen erhöhten Pulsschlag sorgt sie allemal.

Auf etwa 50 Kilometern schlängelt sich die ausgewaschene Schotterpiste vom 4700 Meter hohen, eisigen La Cumbre Pass ins dampfend heiße Tal auf 1700 Meter hinunter. Die Trasse ist an manchen Stellen in den senkrecht abfallenden Fels gemeißelt und bietet gerade einem Fahrzeug Platz. Ich muss mich zusammenreißen, auf die Straße und nicht ständig über die Kante zu schauen. Das mulmige Gefühl beim Schwindel erregenden

Blick in die Tiefe oder beim bloßen Gedanken an Gegenverkehr bleibt mir trotzdem nicht erspart. Eine Vielzahl von Kreuzen erzählt davon, dass Brems- oder Ausweichmanöver mit den überladenen Fahrzeugen nicht immer optimal verlaufen. Der Lkw-Fahrer sprach von einem verunglückten Fahrzeug alle zwei Wochen.

Nach dem fast vegetationslosen Pass landen wir ein paar Minuten später im Treibhaus. Yungas wird diese bergige Übergangsregion zwischen Anden und Amazonas genannt. Kalte und heiße Luftschichten mischen sich hier, was einen ständig wabernden Dunst zur Folge hat.

Kleine Dörfer schmiegen sich an die Berghänge. Hier leben die Menschen von der Landwirtschaft: Kaffee, Koka und Mais. Auch unsere Versorgung ist gesichert. Meist essen wir in den Restaurants entlang des Weges – eher Nahrungsaufnahme, als Luxus. Die Gerichte sind deutlich fantasieloser als das Ambiente. Es gibt immer eine Vorsuppe, immer viel Reis mit wenig Salat und fast immer ein Stück Huhn. Nur ganz ausnahmsweise darf dieses durch ein dünnes Stück Rindfleisch ersetzt werden. Inklusive eines frischen Fruchtsaftes kostet das Ganze auch immer fünf Bolivianos, etwa 50 Cent.

Oft schafft es die Sonne nicht, das Dunstgemisch aus kalter Anden- und feuchtheißer Amazonasluft zu durchdringen. Im feuchten Klima gedeiht eine spezielle Vegetation, der Nebelwald.

Eines der besseren Restaurants – hier gibt es eine Tischdecke.

Die Kälte des Hochlandes ist gewichen. Die Berge werden niedriger, das Klima heißer. Dann sind wir endgültig im bolivianischen Tiefland angelangt.

Ein paar Tage noch geht es entlang roter Lehmpisten nach Norden, bis wir einen kilometerbreiten Nebenfluss des Amazonas erreichen, die Grenze zu Brasilien.

Zu dieser Zeit machen wir uns recht nutzlose Gedanken. Dennoch ist ungewiss, wie wir auf die andere Seite gelangen sollen. Brücken kennt man hier nicht. Bisher sahen wir nur schmale Kanus. Die wären mit unseren Motorrädern überfordert, denken wir und wollen ein wenig hoffnungslos werden. Die Erfahrung sollte uns eigentlich gelehrt und genügend Zuversicht gegeben haben, dass wir da irgendwie hinüber kommen werden.

Vor der Abfahrt – noch geht es auf dem Amazonasdampfer gemütlich zu.

Auf dem Amazonas

Wir suchen lange. Dennoch bleibt ein wenig Vertrauen erweckendes Kanu unsere einzige Möglichkeit, um über den Strom nach Brasilien zu gelangen. Die versichernden Sätze des Besitzers klingen noch aufmunternd. Seine Methode der Vertäuung seiner Ladung ist es weniger. Die Motorräder, unser gesamtes Hab und Gut, die Zukunft der Reise, werden durch Festhalten „gesichert". So wird man im Falle des Falles den „Ballast" am schnellsten los. Ich kleinlicher Zweifler! Wie bei der südamerikanischen „Das klappt schon"-Einstellung nicht anders zu erwarten, geht natürlich alles gut.

Mit dem anderen Ufer erreichen wir eine neue, sehr lebensfrohe Welt. Überall begegnen uns lachende Gesichter. An jeder Ecke spielt Musik. Nach ein paar hundert Kilometern auf brasilianischem Boden ist die Straße in Porto Velho schon wieder zu Ende. Ab hier geht es nur noch auf dem großen Fluss weiter. Dickbäuchige hölzerne Schiffe übernehmen den Transport in diesem Teil der Welt.

Nachdem wir eine Hängematte, die Grundausstattung einer Brasilienreise, erstanden haben, beginnt das Abenteuer Amazonas. Die Motorräder werden zu etlichen Tonnen Bananen und Paranüssen in den Bauch des Schiffes gequetscht. Die lebende Fracht muss es sich auf dem Zwischendeck bequem machen. Anfangs macht das Ganze einen sehr gemütlichen Eindruck. Doch schnell ist auch der letzte verfügbare Platz über, neben und unter uns mit einer Hängematte belegt.

Rechts: Die Mannschaft strahlt während der Flussüberquerung Sicherheit aus. Ihr Boot tut dies weniger.

Ganz rechts: Die schönsten Momente auf dem Amazonas – der Sonnenuntergang.

KTM
Ehrlicher

Der betagte Mercedes in Porto Velho ist derartige Überladung längst gewohnt. Die gesamte Fracht wird per Hand über eine lehmige, steile Uferböschung in den Bauch unseres Schiffes getragen. Dauer: Zwei Stunden.

Banane, die Zweite: Sehr selten bekommen wir die großen Aras zu Gesicht.

Die Stunde des Sonnenunterganges ist der tägliche Höhepunkt während der Flussreise. Nicht nur deshalb, weil die gnadenlose Hitze jetzt für zwölf Stunden erträglicher wird. Der durch die feuchte Luft orange gefärbte Feuerball plumpst regelrecht hinter den Horizont, da die Sonne hier am Äquator jeden Tag einen senkrechten Bogen beschreibt und deshalb von oben senkrecht in den Urwald eintaucht. Das Schauspiel findet mit einer solchen Geschwindigkeit statt, dass man die Bewegung der Sonne mit bloßem Auge wahrnehmen kann.

Tag für Tag, Stunde um Stunde, Minute für Minute tuckert unser Schiff gemütlich den Amazonas hinab. Wir können (müssen) nichts tun, außer täglich dreimal essen und den Urwald vorbei ziehen sehen, ein für uns ungewohnt ruhiger, aber für diese kurze Zeit sehr angenehmer Zustand. Eines Nachts wird die Ruhe empfindlich gestört. Sturm kommt auf, Blitze krachen vom Himmel, der sonst ruhige Fluss brodelt wie vom Hexenmeister persönlich umgerührt. Prompt verliert der Kapitän in der Dunkelheit die Orientierung. Ein dumpfer Schlag trifft das Schiff. Menschen und Gepäck fliegen umher. Wir sind auf Grund gelaufen. Panik bricht aus. Ein Kampf um die paar Alibischwimmwesten beginnt. Das weit entfernte Ufer ist im Schein der Blitze sichtbar. Doch der Gedanke an all die hungrigen Bewohner des schwarzen Wassers ermutigt so überhaupt nicht zum Schwimmen. Nach einer bangen halben Stunde ist der Spuk schlagartig vorüber. Nur das pitschnasse Schiff, das sich irgendwie von der Sandbank befreit hat, zeugt von den letzten Minuten.

Ab und zu legen wir in verschlafenen Dörfern an, die nur über den Fluss zu erreichen sind. Wohl auch wegen des abgeschnittenen Daseins spielt sich das Leben hier viel langsamer ab, als im äußerst lebendigen Rest des Landes. Vielleicht liegt es auch daran, dass drei Breitengrade südlich des Äquators jede zu heftige Bewegung gleich einen Schweißausbruch hervorruft.

Ich kann es einfach nicht lassen. Auch wenn ich mir der Komik des Ganzen schon bewusst bin. Es begann in Äthiopien und erreicht in Brasilien seinen Höhepunkt: Meine Bananenmanie. Sobald ich die Früchte im Überfluss an ihrem Ursprungsort erblicke, muss ich mich wie ein kleines Kind freuen und mit der Kamera darauf stürzen. Noch immer haftet die Erinnerung daran im Kopf, als wir zu DDR-Zeiten die jährliche Ration

Links: Verschlafene Dorfszene entlang des Amazonas.

Rechts: Wo Sümpfe und dichte Vegetation den Weg über Land unmöglich machen, spielt sich das Leben auf dem Wasser ab.

von drei Früchten zugeteilt bekamen. Die gelben Schätze wurden in dünne Scheiben geschnitten, um den Genuss so lange wie möglich auszudehnen. Die Freude über die jetzt so empfundene grenzenlose Freiheit, „...ich kann einfach dahin fahren, wo die Dinger wachsen und auch noch so viel ich will davon essen", will einfach nicht nachlassen.

Auf halber Strecke wird es auf dem Fluss ungewohnt hektisch. Zahlreiche Kanus und Boote treiben auf dem Wasser. Wenig später wissen wir warum. Die Millionenstadt Manaus schiebt sich langsam in unser Blickfeld. Sobald wir anlegen, überfluten Hektik und Trubel das Schiff. So ruhig es bisher war, so sehr pulsiert das Leben hier. Händler preisen ihre Waren an, Andere wollen Teile der Fracht kaufen.

Auf dem Fischmarkt in Manaus geht es heiß her. In den Hallen wird alles feil geboten, was der Fluss zu bieten hat. Es gibt eine Ecke mit Garküchen, wo man die frischesten Fische gleich essen kann. Wir lassen es uns nicht nehmen, Piranhafischsuppe zu kosten. Ich weiß nicht mehr genau, welchen Horror meine Fantasie sich dabei ausmalte. Das Spannendste an dem Mahl ist das zum Schluss übrigbleibende Gebiss des handtellergroßen Fisches.

Mitte: Die Armenviertel Brasiliens werden Favela genannt. Nicht alle sind so malerisch am Wasser gelegen, wie diese in Manaus.

Rechts: Brasilien brennt für viele Sinne ein kleines Feuerwerk ab. Diesmal ist der Geschmack dran. Auf dem Festland gehören diese Fruchtstände zum Straßenbild.

Nächste Doppelseite: Ein fröhliches und echtes Lachen haben wir in Brasilien überall abbekommen.

Flussabwärts von Manaus wird der Amazonas so breit, dass beide Ufer von der Erdkrümmung verschluckt werden. Nach fünf weiteren Tagen auf dem Strom taucht die glitzernde Hochhaussilhouette der Großstadt Belem am Horizont auf. Wir haben uns so sehr an das träge, vom Fluss bestimmte Leben auf dem Schiff gewöhnt, dass die Stadt wie ein Gewitter über uns hereinbricht.

Schnell entladen wir die Motorräder und nutzen unsere wiedererlangte Bewegungsfreiheit. Bereits auf dem Schiff hatten wir eine elementare Entscheidung treffen müssen: Nord oder Süd? Die Grenze zur anderen Hälfte der Welt, der Äquator, ist sehr nah. Doch die Zeit ist noch nicht reif für eine Rückkehr zur Nordhalbkugel. Südamerika gefällt uns zu gut. Zurück nach Süden, Richtung Rio!

Der Nordosten Brasiliens entspricht so gar nicht unseren Erwartungen. Sobald wir den Gürtel des Amazonas verlassen haben, wird es ungewöhnlich trocken und heiß. Hier will keiner hin. Deshalb ist viel Platz für die Besitzlosen, was die Gegend zur ärmsten des Landes macht. Die mit Dornenbüschen übersäte Halbwüste ist trostlos. Doch wie so oft machen die Menschen den geografischen Makel mehr als wett. Wir flüchten vor der Sonne in den Schatten einer Tankstelle. Hier werden wir von drei rüstigen Damen angesprochen. Nach einem kurzweiligen Plausch schleppen sie uns ab. In ihre Kleinstadt. Dort sind wir, die Fremden, die Attraktion des Sonntagnachmittags. Sofort werden ein Tisch und eine beträchtliche Menge Stühle herangeholt. Die Runde platziert sich an einer Ecke der Hauptkreuzung, was zur Folge hat, dass sich der spärliche Verkehr ab jetzt in Schrittgeschwindigkeit durch die versammelte Menge quetschen muss. Dies erscheint, uns ausgenommen, allen Anwesenden als völlig normal.

Einmal am Tag scheint die Sonne für ein paar Minuten durch ein Loch in der Decke dieser Höhle. Die Strahlen treffen auf den unterirdischen See und lassen ein magisches Farbenspiel entstehen.

Der Tisch steht nicht umsonst da. Mit Strömen eiskalten Bieres werden wir genötigt, über Deutschland zu erzählen und – natürlich – den brasilianischen Fußball zu preisen. Abends gibt es dafür eine Stadtrundfahrt gratis. Die findet im Ford Ka des Mathe-Lehrers statt. Natürlich will jeder dabei sein. Drei Mädels schaffen es, sich als Fremdenführer zu engagieren, sodass wir zu sechst über die Pflasterstraßen zuckeln.

Weiter südlich verdient die Landschaft wieder diese Bezeichnung. Der Nationalpark Chapada Diamantina muss einer der feinsten Flecken Brasiliens sein. Klare und warme (!) Flüsse laden mit Wasserfällen und Pools zum Schwimmen ein. Die tropische Vegetation ist nicht nur spannend für das Auge. Sie hält auch die leckersten Früchte parat. Zum ersten Mal seit den Anden bekommen wir endlich wieder Berge zu sehen. Sie sehen aus wie Festungen.

Rechts: Tafelberge der Chapada Diamantina

Brasilianisches Wohnkonzept 1: das idyllische Städtchen Lencois im tropischen Bahia – mein Favorit.

Gedankenspiele. Oft habe ich darüber nachgedacht: Will ich irgendwo unterwegs hängenbleiben? Das Städtchen Lencois im Staat Bahia käme dann in die engere Auswahl. Schmale gepflasterte Gassen und niedrige Häuser verbreiten ein mittelalterliches Flair. Ein klarer Fluss plätschert über kleine Kaskaden mitten durch den Ort. Tropische Vegetation und das brasilianische Lebensgefühl sind Zugabe.

Aus dem armen tropischen Norden, wo die Menschen oft von der Hand in den Mund leben, kommen wir in ein scheinbar völlig anderes Land, den industriereichen Süden. Nicht nur die Architektur erinnert an Europa. Hier wird ein Oktoberfest gefeiert, werden Autos europäischer Marken gebaut. Nur die Sprache ist dieselbe.

In Rio de Janeiro liegen eine halbe Million Euro teure Wohnungen nur einen Steinwurf von den Favelas entfernt. Kein Polizist traut sich allein in diese Elendsviertel, die überall hinter dem Luxusbeton die steilen Hänge hinauf wuchern. Bei diesem Wohlstandsgefälle ist eine hohe Kriminalitätsrate vorprogrammiert. Ständig werden wir gewarnt.

Aus der Provinz stammend versuchen wir sonst immer, um die für uns unheimlichen Großstädte einen Bogen zu machen. Doch die Lage Rios begeistert selbst uns. Von oben sieht die Stadt am besten aus, genauer gesagt vom Corcovado, einem Granitberg mitten in der Metropole.

Doch auch das ist Brasilien. Immer wieder wundern wir uns über diese provisorisch errichteten Siedlungen am Straßenrand, bis wir herausfinden, was es damit auf sich hat: Die Ärmsten der Armen besetzen ein Stück brach liegendes Land eines Groß-

Wohnkonzept 2: Die Millionenmetropole Rio de Janeiro

grundbesitzes. Dort harren sie so lange, oft mehrere Jahre, aus, bis die Regierung das Land kauft und es an die Ausdauernden verteilt.

Erstaunlich für uns als Deutsche ist, dass man selbst in der misslichsten Lage und bei einer bezüglich der Mittellosen nicht besonders engagierten Regierung einen solchen Nationalstolz zeigt. Hoch weht eine brasilianische Flagge über den Hilfsbehausungen, wenn sie auch schon etwas zerfetzt ist.

Wohnkonzept 3: Landbesetzung mit der Hoffnung auf eine Zukunft

Cusco, die alte Hauptstadt des Inkareiches, wird zu dem Ort auf der Welt, an dem wir am längsten verweilen. Die Gegend ist voller Geschichte. Das Leben in der fremden Kultur ist sehr spannend.

Beraubt und beschenkt

Die Inkamauern im Zentrum der Stadt scheinen für die Ewigkeit gebaut. Nachdem der Eroberer Pizarro gesiegt hatte, nutzten die Spanier die Bauten der Ureinwohner oft als Fundamente und setzten ihre eigenen Kirchen oben drauf – die Psychologie des Siegers.

Die drei Polizisten geben sich viel Mühe, streng dreinzublicken. Doch selbst nach gründlichster Kontrolle von Motorrädern und Papieren können sie keinen strafenswerten Tatbestand finden. Der technische Standard peruanischer Fahrzeuge ist niedrig. Deutlich niedriger als der unserer geschundenen Motorräder. Derart enttäuscht werden sie direkt. „Cual es su présente para la policia – Was für ein Geschenk habt ihr für die Polizei?“, fragt der Ehrgeizigste mit todernster Miene. Wir lachen, erklären, obwohl wir schon wissen, dass Bares gemeint ist, dass wir gerade, wegen des limitierten Platzes auf dem Motorrad, keine Präsente für die Polizei dabei hätten. Stolz auf unser Verhandlungsgeschick fahren wir grinsend davon.

Wir haben uns zu früh gefreut. Peru rächt sich. Gleich in der ersten Stadt. Wir sitzen in einer Imbisshütte am Straßenrand in Puno. Die Motorräder stehen keine fünf Meter von uns entfernt geparkt vor dem Fenster. In Bolivien beschrieb man Peru als ein Land voller Diebe. Natürlich tue ich dies als die weltweit übliche Paranoia vor dem Nachbarn ab. Trotzdem lasse ich die geparkten Motorräder im dichten Gedränge des Bürgersteigs nicht aus den Augen. Umso größer ist die Überraschung nach dem Essen: Der Alukoffer der uns abgewandten Seite des Motorrades steht offen. Der gesamte Inhalt fehlt. Ramona besitzt jetzt nur noch die Kleidung, welche sie auf dem Leib trägt und bricht über diesen Umstand erst einmal in Tränen aus.

Auf der Straße herrscht reges Treiben. Sie fragt die Ladenbesitzer gegenüber, ob sie etwas gesehen hätten. Natürlich wissen sie etwas. Nur wollen sie ihren Landsmann, auch wenn er ein Gauner ist, natürlich nicht an eine Gringa verraten. Das Einzige, was sie herausbekommt, ist, dass der Dieb mit ihren zwei Beuteln in einen Minibus gesprungen und davongefahren ist. Ob sie wenigstens verraten könnten, was er mit Damenunterwäsche und einer Brille anfangen wird? Ja, die verkaufe er auf dem Schwarzmarkt. Sie erklären sogar den Weg dorthin.

Während ich auf die Motorräder aufpasse, eilt Ramona, ernsthaft mit ihrem Schweizer Taschenmesser bewaffnet, wutentbrannt auf den Schwarzmarkt. Der Dieb soll gestellt werden. Nur weiß er dies nicht und ist deshalb auch nicht zu finden.

Als es bereits dämmert, dämmert uns auch das Sinnlose der Verbrecherjagd. Wir geben auf und fahren aus der Stadt, denn hier wollen wir auf keinen Fall bleiben. Unser Vertrauen in die Menschen ist

Rechts: Wie im Rest der Welt, so ist auch in Peru der Moment des Schulschlusses der beste des Tages. Die Straßen und Plätze wimmeln nachmittags von Kindern. Aus ökonomischen Gründen ist den meisten bisher eine Bestimmung des Alltags durch Fernsehen und Computer erspart geblieben.

TOYOTA

Die Züge der Frau erzählen von einem harschen Leben in großer Höhe unter der Andensonne. Gleichzeitig strahlt sie eine Ruhe aus, mit der man wohl erst im Alter gesegnet wird.

erst einmal erschüttert, was das Schlimmste an dem ganzen Vorfall ist. Es kann nur besser werden.

Wird es auch. Noch heute. Als wir gerade unser Zelt neben einem Kartoffelacker aufschlagen wollen, kommt ein alter Bauer mit wettergegerbtem Gesicht vorbei. Er hat Mitleid, weil wir in dieser Kälte in dem dünnen Zelt schlafen müssen und lädt uns ein, bei ihm zu übernachten. Daunenschlafsäcke und Luftmatratzen kennt man hier nicht. Die Geste tut gut. Als wir ihm von dem Vorfall mit dem Koffer erzählen, entschuldigt er sich für den Dieb und versichert uns eindringlich, dass nicht alle Peruaner schlechte Menschen seien. Der Raub sei auch nicht gegen uns gerichtet, es treffe auch Einheimische.

Die letzten Schmerzen (sie waren offenbar nicht mehr sehr groß) werden mit einer halben Flasche Rotwein ertränkt. Dann erhält Peru noch eine Chance. Das Land nutzt sie so gut, dass wir letztendlich mehr als ein halbes Jahr hier verbringen werden.

In Kenia hatten wir ein holländisches Paar kennengelernt. Sie waren dort als Entwicklungshelfer tätig. Zwei Jahre später flattert eine E-mail in unseren Postkasten, dass sie nun in Peru arbeiten würden und wir herzlich willkommen wären. Seit Wochen hatten wir uns auf das Wiedersehen gefreut. Entsprechend emotional fällt dieses aus. Nach zwei Jahren unterschiedlichster Lebensgeschichte gibt es reichlich Gesprächsstoff. Die beiden leben auf einer Farm in 3500 Metern Meereshöhe über der alten Hauptstadt des Inkareiches, Cusco. Wir genießen für ein paar Wochen den Luxus eines eigenen Zimmers, können eine Pause vom Reisen machen. Das tut erstaunlich gut. Zu voll waren wir von Eindrücken, zu ausgebrannt vom Alltag des Reisens.

Einen Steinwurf von unserem Domizil entfernt befinden sich die Inkaruinen von Sacsaywaman. Die respekteinflößende, mehrere hundert Meter lange Festungsanlage ist nach wie vor von Geheimnissen umrankt. Wie hat man 300 Tonnen schweren Steine transportiert und sie so exakt zusammengefügt, dass nicht einmal eine Rasierklinge in den Fugen Platz findet? Selbst mit den heuti-

Rechts: Fast wie Deutschland – der Weihnachtsmarkt in Cusco ist für die Bewohner des Hochlandes der Höhepunkt des Jahres. Aus allen Richtungen strömen sie auf alten Lkw und Bussen in die Stadt. Zigtausende bevölkern für zwei Tage den Marktplatz und die Straßen des Zentrums.

Weihnachten wird die Festtagskleidung angelegt.

gen Mitteln der Technik wäre wohl niemand imstande, dieses Meisterwerk nachzuahmen. Die Mauern sind sogar erdbebensicher errichtet.

Die Peruaner begegnen uns freundlich und zurückhaltend, speziell auf dem Land. Hier fühlen wir uns immer sicher aufgehoben. In den Städten ist die Situation angespannter. Vor allem Taschendiebe haben Hochkonjunktur.

In Cusco sind sie hinter uns her. Doch eine Marktverkäuferin wird zur guten Fee und vermasselt ihnen die Tour. Beim Einkaufen an ihrem Stand flüstert sie mir zu, dass wir von Ladrones verfolgt würden. In diesem Moment ist die Gefahr eigentlich schon gebannt. Taschendiebe sind feige, verlassen sich auf den Überraschungseffekt. Der ist dahin. Wir laufen ganz ruhig weiter, weil wir die Frau nicht verraten dürfen. Innerlich sind wir natürlich total aufgeregt. Es dauert nicht lange. Im dichten Gedränge mache ich den Dieb aus. Es besteht kein Zweifel. Zu direkt kommt der gut gekleidete junge Mann auf uns zugelaufen, will zuschlagen. Ein fester und böser Blick direkt in seine Augen genügt. Das Signal lautet: „Wir wissen Bescheid!" Er macht sofort kehrt, rennt panisch davon. Ich genieße die kleine Rache für unseren ausgeräumten Koffer.

In den Inkaruinen der Festung Sacsaywaman hoch über Cusco

Kurz nachdem ich dieses Foto aufgenommen habe, warnt uns die Dame im Vordergrund vor den Dieben, die uns auf den Fersen sind.

Lokale Märkte begeistern uns auf der ganzen Welt. Hier läuft das Leben zu seiner Höchstform auf. Das Einkaufen ist dabei oft Nebensache, aber immer spannend. Beim Besuch der Fleischabteilung macht man vom Schock angesichts von Geruch und Anblick bis zur Freude darüber, dass einem die gerade verhandelte Lammkeule vom ganzen Stück abgeschnitten wird, einige Stadien der Emotionsskala durch.

Die deutsche Nationalmannschaft machte 1986 bei der WM in Mexiko großes Aufsehen um die sauerstoffarme Luft, weil einige der Spielorte auf über 2000 Metern Höhe lagen. In Cusco hätte man dafür nur ein mitleidiges Lächeln übrig. Hier, einen halben Kilometer über Deutschlands höchstem Gipfel, ist die Luft wirklich dünn.

Heute soll ein großes Volksfest steigen. Im südamerikanischen UEFA-Cup spielt Cienciano Cusco im Halbfinalrückspiel gegen das Team von Medellin aus Kolumbien. Vorher hatte der krasse Außenseiter aus der peruanischen Provinz bereits den Tabellenführer Brasiliens, den FC Santos, aus dem Rennen geworfen. Grund für den Erfolg ist ein Heimvorteil, wie ihn kaum ein anderes Team auf der Welt hat: die extreme Höhe. Kommt man aus tiefer gelegenen Regionen hierher, lässt selbst die geringste Anstrengung Atemnot ausbrechen. Es bedurfte mehrerer Wochen, bis ich mich einigermaßen an den geringen Sauerstoffanteil der Luft gewöhnt hatte. Zweimal pro Woche spiele ich im Team der Farm mit. „Den Ball laufen lassen" bekommt hier, wo man sich jeden Zehnmetersprint doppelt überlegt, eine eigene Bedeutung.

Die Rasenmäher unserer Freunde in Cusco.

Gut 20000 Menschen warten auf dem zentralen Platz gespannt auf den Anpfiff. Eine riesige Leinwand wurde aufgestellt. Nur die wenigsten können sich eine Eintrittskarte fürs Stadion leisten. Cusco gewinnt überraschend mit 1:0 und zieht ins Finale ein, welches es zwei Wochen später sogar mit einem Sieg über River Plate Buenos Aires gewinnen soll.

Die Kartoffelfelder ziehen sich bis auf knapp 4000 Meter Meereshöhe die Hänge der Anden hinauf.

Ein Auto ist in Peru nur für die Wohlhabendsten, d.h. weniger als 3 Prozent der Bevölkerung, bezahlbar und deshalb ein Zeichen von Reichtum, selbst wenn es nur ein rustikaler Käfer ist. Weitere Bestandteile des Stilllebens: INTI ist der Name des Sonnengottes der Inkas. In diesem Fall muss er für die Werbung einer Tankstelle herhalten. Gleich darunter wird in roten Lettern Wahlkampf gemacht.

Cusco löst mit all den Freunden, die wir dort finden, seit langem wieder so etwas wie ein heimatliches Gefühl aus. Umso schwerer fällt es uns, diesen Ort zu verlassen. Es finden sich immer neue Ausreden, um noch ein paar Tage länger zu verweilen. Doch es ist höchste Zeit. In voller Blüte stehende Kartoffelfelder kündigen die Regenzeit an. Wir befinden uns inmitten der Anden, wo ein Durchkommen bald sehr beschwerlich sein wird. Erdrutsche machen dann Pisten für Wochen unpassierbar. Aus kleinen Bächen werden unüberwindliche Flüsse, die dann Wege abschneiden oder zur Sackgasse machen. In den höheren Lagen fällt Schnee.

Noch hält das Wetter. Für Tage fahren wir über schmale Bergpisten durch Panoramalandschaften. Bis hoch auf etwa 4000 Meter über dem Meer ist Kartoffelanbaugebiet. Bauern ringen dem Boden noch auf steilen Hängen Nahrung ab, wo wir nur auf allen Vieren sicheren Halt finden würden. Mit dem Anpflanzen ist es noch lange nicht getan. Die schwere Ernte muss auf dem

Rücken über halsbrecherische Pfade ins Tal geschafft werden. Esel sind Luxus.

Auch die tägliche Suche nach einem Platz für unser Zelt gestaltet sich auf Grund der bewegten Topografie äußerst schwierig. Da muss schon mal ein abgeernteter Kartoffelacker herhalten, da sich kaum ein unkultiviertes Stück ebenen Bodens finden lässt.

Beim Campen in der Nähe eines Dorfes werden wir entdeckt. Zwei spielende Jungs finden unseren vermeintlich einsamen Platz. Wie von Zauberhand geführt, taucht

Oben: Immer wieder sind wir erstaunt, mit welch (natürlich nur in unseren Augen) primitiven Mitteln die Menschen oft auskommen müssen, um die täglichen Herausforderungen des Lebens meistern zu können. Wo wir einen High Tech Rasenmäher verwenden würden, werden ganze Wiesen mit der Machete bearbeitet. Mit dem gleichen Allzweckgerät fällt man Bäume und öffnet Kokosnüsse. Hier entstand mit wenig Geld, viel Farbe und einiger Fantasie aus einer hässlichen Wand, wie sie noch zu hunderten links und rechts des Bildausschnittes zu sehen sind, ein sympathisches Werbekunstwerk. El Rey De Las Llaves, der König der Schlüssel, ist hier zu Hause. Autos, Häusern, Einzelkunden und Großabnehmern – allen wird geholfen. Mit Großabnehmern sind sicher die Unglücklichen angesprochen, die ihren ganzen Schlüsselbund verloren haben. Desweiteren werden Dienste als Klempner, Elektriker sowie elektrisches und autogenes Schweißen angeboten – alles aus einem Laden, der in etwa die Größe einer mitteleuropäische Autogarage hat. Rechts davon befindet sich die gelbe Welt der Schrauben und Bohrer. Ab zwei Millimeter ist alles zu haben.

Unten: Wo ein Auto Luxus ist, floriert das Taxigewerbe. Je nach Reichtum der Region besteht der innerstädtische Transport aus Fahrradrikschahs, dreirädrigen Mopeds oder Kleinwagen. Oft erfordert der Ehrgeiz der Fahrer oder das Ziel nächster Kunde ein halsbrecherisches Rennen durch die schmalen Straßen. Der gelbe Wagen des Unternehmens der Neuen Horizonte liegt hier knapp vor dem ferrariroten 12 PS Renner seines No-Name-Konkurrenten.

Der neugierige und fürsorgliche Besuch unseres Zeltplatzes bleibt bis zum Dunkelwerden.

innerhalb weniger Minuten die gesamte Dorfjugend auf. Die Neugierde ist beidseitig. Nachdem diese befriedigt ist, kümmern sich unsere Besucher rührend um ihre Gäste. Wir sollen unbedingt im Dorf übernachten. Unsere Stoffbehausung sei doch viel zu kalt für diese Gegend. Weil wir ja eigentlich sehr warm und relativ bequem liegen und das Zelt im Dunkeln nicht wieder abbauen wollen, weigern wir uns beharrlich. So trägt man eben heißen Kokatee und etwas zu Essen herauf. Am nächsten Morgen um sechs steht wieder eine Delegation vor unserem Zelt. Man will wohl nachsehen, ob die verrückten Gringos nicht erfroren sind. Um uns wiederzubeleben, hat man zur Sicherheit gleich heißen „Kaffee" aus gerösteter Gerste mitgebracht.

Seit einer Weile fordert eine steile Piste unsere ganze Aufmerksamkeit. Rechts ragt eine Felswand auf. Links geht es weit hinab, sehr weit. Unvermittelt taucht ein eigenartiges Kunstwerk auf, bunte Kapellen im Miniformat. Wir stoppen. Erst jetzt werden wir des schwindelerregenden Abhangs dahinter gewahr. Während wir uns noch wundern kommt ein Passant vorbei und erklärt das Ganze: „Vor ein paar Jahren stürzte hier ein Bus hinab. Niemand überlebte. Da ein richtiges Begräbnis nicht möglich war, haben die Angehörigen die Miniaturen errichtet."

Der Zufall will es, dass genau einen Tag, bevor wir hier lang fahren, sich das Schicksal genau eine Kehre weiter unten wiederholt. Wir biegen um die Ecke, als plötzlich eine große Menschentraube vor uns steht. Zwischen den Felsen liegt das Wrack eines Busses, aus dem man gerade die Leichen birgt. Er kam wie wir, aus Cerro de Pasco, einer kalten, schlimm verdreckten Minenstadt auf 4700 Meter Meereshöhe, und wollte hinunter ins Tal, 2500 Meter tiefer.

Nächste Doppelseite: Ansichten aus der Cordillera Blanca – dem Weißen Gebirge. Der Gebirgszug besteht aus 31 Sechstausendern, die wie auf einer Perlenkette aneinandergereiht sind.

Erinnerung an ein Busunglück – die Bauwerke sind Mahnmal und Gräber zugleich.

Die Fahrt durch die Gegend um Ayacucho hätte vor wenigen Jahren noch leicht den Tod bedeuten können. Hier war der Sendero Luminoso, der leuchtende Pfad, zu Hause. Alles, was westlichen Anschein hatte, wie Bürgermeister, Lehrer oder Fremde auf Motorrädern, wurde umgebracht. Ganze Dörfer fielen den Verbrechern zum Opfer. Während wir solchen Gedanken nachhängen, stoppt uns diese Dorfgemeinschaft. Wir werden Opfer einer kleinen Feier, die anlässlich eines gemeinsam vollbrachten Holzeinschlags stattfindet. Die Frauen haben gekocht. Der Topf ist groß genug, sodass von der Nudelsuppe für die unerwarteten Gäste reichlich übrig ist.

Nichts geht mehr – der tagelange Regen bringt die Motorräder ins Rutschen und uns zum Verzweifeln.

Heimvorteil

Fast wäre die Flucht gelungen. Lange Zeit können wir der nahenden Regenzeit entkommen und die Gebirge Perus ohne größere Probleme im Trockenen durchqueren. Die Fotos auf den Seiten vorher zeigen nur zwei der vielen großartigen Ansichten aus der Cordillera Blanca, einer Bergkette im Norden des Landes mit über dreißig Sechstausendern.

Irgendwann hat das Glück keine Geduld mehr. Ein heftiger Regen setzt ein. Und hört für Tage nicht wieder auf. Wir werden mitten im Hochland, weit weg von der Trockenheit versprechenden Küste, überrascht. Einen Tag verstecken wir uns im Zelt. Dann spornen zu Ende gehende Vorräte zur Weiterfahrt an. Hätten wir etwas von den nun folgenden Strapazen geahnt, wäre die Entscheidung zugunsten des Hungers ausgefallen.

Die ansonsten festen Lehmpisten werden zu Rutschbahnen. Schon das geringste Gefälle befördert uns in die Horizontale. Die vier Hufe kombiniert mit einer Pferdestärke der Einheimischen sind das eindeutig bessere Transportmittel. Das gilt auch für die jetzt stark anschwellenden Flüsse. Einer davon ist besonders beeindruckend. Erschrocken blicken wir auf die strömenden Wassermassen. Das andere Ufer scheint weit entfernt, sehr weit entfernt. Es kostet bei Temperaturen knapp über dem Gefrierpunkt viel Überwindung, den Fluss auf seine Tiefe hin zu durchwaten. Zu viel. So fahre ich einfach drauf los. „Drüben führt ja auch wieder eine Spur hinaus", rede ich mir selbst, völlig unlogisch aber doch überzeugend, ein.

Kraftanstrengung – Reisanbau im Norden Perus

Die Überzeugung schwindet schlagartig, als das Wasser in der Mitte fast Sitzbanktiefe erreicht. Vom Auspuff ist nur ein dumpfes Blubbern zu hören. Jeden Moment kann es passieren, dass der Vergaser statt Luft Wasser ansaugt. Stillstand wäre fatal, da ich das Motorrad ohne Motorkraft und fremde Hilfe hier kaum wieder raus bringen würde. „Nur durch!" schreien die Gedanken. Adrenalin wird reichlich erzeugt, speziell, als zusätzlich noch die Strömung an mir zerrt. Doch Glück und Motorrad lassen mich nicht im Stich. Es wird, wie immer, wenn ich ihm eigentlich zuviel zumute, am anderen Ufer gestreichelt. Und wie immer muss ich selbst über meinen Glauben an die Wirksamkeit der Zärtlichkeiten schmunzeln. Das Schicksal ist schlau. Hätte ich die Tiefe vorher getestet, würden viel Angst und ein wenig Vernunft das amphibische Abenteuer verhindert haben. Das Zögern der nassen Füße wegen war ohnehin pathetisch. Ich muss zurück und das zweite Motorrad holen. Das Kneippsche Erlebnis bleibt mir nicht erspart, ebensowenig wie die nassen Stiefel für die nächsten Tage.

Das Wasser wird bei der Durchquerung erschreckend tief, die Strömung zerrt.

Halbzeit – jetzt muss noch das zweite Motorrad rüber.

Das Katastrophenwetter verschafft uns noch andere Erlebnisse. In einem Bergdorf sind wir wegen eines Erdrutsches gezwungen, ein paar Stunden zu warten, bis man einen Weg freigegraben hat. Zum ersten Mal seit Tagen kommt die Sonne hervor, so dass wir uns auf einer Parkbank breit machen, Sachen trocknen lassen und ein Buch in die Hand nehmen. Eine junge Peruanerin setzt sich interessiert neben Ramona und fragt: „Kann ich mitlesen?" Was für eine Frage! Die Literatur ist ein recht schwer verständlicher englischer Krimi und Ramona gerade auf Seite 186. Aber das macht gar nichts, solange die „Arme" jetzt nicht mehr allein weiterlesen muss.

Ein schmutzig brauner Fluss hat eine enge Schlucht in den Gebirgszug gegraben. Wir folgen ihr auf abenteuerlichen Pisten und werden auf der anderen Seite wie in einer anderen Welt ausgespuckt. Hier ist es plötzlich trocken und heiß. Und hässlich. Ein Meer von Plastiktüten hat sich in den Dornbüschen der Halbwüste verfangen, weht trostlos im Wind. Wir haben den Korridor der Panamericana, der Nord-Süd-Verbindung des gesamten amerikanischen Kontinents, erreicht. Sie wird oftmals als Traumstraße beschrieben. In Peru ist sie Albtraum. Selten haben wir so deprimierende Elendsviertel gesehen. Mitten in der Wüste, umgeben von Sanddünen und Abfall stehen ein paar verwahrloste Baracken aus Stöcken, Karton und Wellblech, bei deren Anblick es wundert, dass sie überhaupt stehen bleiben. Der panamerikanische Verkehr rauscht hier durch. Nichts kann ihn zum Halten animieren. Trostloser geht es nicht! Kein Grün, nichts, rein gar nichts, was Hoffnung machen könnte.

Wir biegen in Richtung Küste ab, was die Stimmung wieder steigen lässt. Als letzte Szene behalte ich ein paar mutige Fischer auf ihren Schilfbooten im Gedächtnis. Peru war, nach misslungener Begrüßung, so spannend und vielseitig, wie nur wenige andere Länder.

Balanceakt – traditioneller Fischfang am Strand von Huanchaco

Verbotenes Land

Guerillas, Entführungen und die nettesten Menschen Südamerikas. Diese (Vor-) Urteile über Kolumbien kreisen in meinem Kopf. Die ersten beiden schnappte ich in den Medien auf. Die Berichte über die freundlichen Bewohner dagegen stammen von anderen Reisenden, und wir sind schließlich unterwegs, um uns ein eigenes Bild von der Welt zu machen. So fällt die Bedenkzeit in Ekuador nur kurz aus und wir fahren weiter.

Anfangs „schleichen" wir angespannt durch die berauschend grüne Bergwelt im Süden des Landes. Geradeso, als ob hinter jeder Kurve ein bewaffneter Guerillero warten müsste. Vielleicht menschlich, aber bescheuert. Es dauert eine Weile, bis wir begreifen, dass diese Paranoia sinnlos ist. Sie hält uns nur davon ab, die von der Natur so reich beschenkte Landschaft zu genießen. Die glänzt bis ins kleinste Detail. Kolibris, nur so groß wie Hummeln, stehen förmlich in der Luft, bevor sie sich entschließen, ihren Schnabel in die Blüte einer Orchidee zu tauchen. Überall rauschen Wasserfälle von immergrünen, moosbedeckten Hängen.

Die erste größere Ortschaft taucht auf: Pasto. Sie hält die nächste Überraschung bereit. Nach den eher schweren Charakteren der südlichen Andenstaaten empfängt uns hier laute, mitreißende Lebenslust. Die Menschen begegnen uns so überschwänglich freundlich, dass ich wegen meines Argwohns fast ein schlechtes Gewissen bekomme. Alle scheinen sichtbar erfreut, dass wir den Weg hierher gefunden haben und wollen uns nur das Beste bieten. Wir werden eingeladen, regelrecht verwöhnt.

Nachdem wir das brütend heiße Caucatal durchquert haben, zieht es uns hinauf in die Berge. Hoch oben im Dschungel soll es laut dem Tipp eines einheimischen Motorradfahrers heiße Quellen in zauberhafter Umgebung geben. Doch wir

Links: Dieser Teil der kolumbianischen Anden ist laut Aussagen der Einheimischen relativ sicher. Wir lernen, diesen zu vertrauen.

Wo Kinder so unbeschwert in die Schule gehen wie im Städtchen Jardin kann kein schlechter Ort sein.

Der Nachrichtensprecher verkündet, wer am Wochenende heiratet oder wie die Dorffußballer gespielt haben.

Medellín ist im Ausland nur bekannt als die Stadt der Drogenkriege von Pablo Escobar. Dass die wunderschön in einem Tal der Anden gelegene Stadt ein Ort von Hochtechnologie und reicher Kultur ist, bringt keine Schlagzeilen. Auch wir werden hier entführt. Ein Motorradclub nimmt uns so warmherzig auf, dass wir fünf Wochen in dieser Gegend verbringen.

haben die Entfernung unterschätzt. Die am Äquator sehr schnell einbrechende Dunkelheit zwingt uns, dringend einen Übernachtungsplatz zu suchen. Ein klarer Bergbach an einer Weide kommt da gerade recht. Immerhin hat unser Vorsatz, in Kolumbien aus Sicherheitsgründen nicht wild zu campen, zwei Wochen lang gehalten. Wie es die Höflichkeit gebietet, fragen wir einen Hirten, ob wir sein Land für eine Nacht belagern dürfen und wie sicher es sei. Seine Miene drückt einiges Unverständnis darüber aus, dass wir solche Fragen überhaupt stellen konnten. Die rigoros glaubwürdige Antwort des Cowboys mit großem Hut, Schnauzbart und weißem Hemd wischt alle Zweifel beiseite: „Natürlich könnt ihr bleiben. Hier passiert nix!“ Er soll Recht behalten.

Die Gegend um Manizales überrascht mit einem völlig neuen Gesicht. Die kultivierten Hügel erinnern an Weinberge, nur ist das Grün viel dunkler und intensiver. Wir befinden uns im Herzen des Gebietes, wo Kolumbiens zweitwichtigstes Suchtmittel angebaut wird. Reihen sattgrüner Kaffeepflanzen überziehen jeden Hang.

Im Städtchen Salamina wollen wir eigentlich nur übernachten. Doch wie so oft

Pintor de Chivas – wörtlich übersetzt und viel zu profan: Busanstreicher – ist in Kolumbien ein Beruf. Im Städtchen Andes finden wir die beeindruckendsten Exemplare. Sämtliche Muster auf den hölzernen Karosserien sind handgemalt. Etwa 30 Tage braucht ein Meister für so ein Kunstwerk.

In den Tropen gedeihen die leckersten Früchte. Viele von ihnen hatten wir vorher noch nie gekostet. Die roten traubenähnlichen Bündel schmecken wie kleine Kokosnüsse.

hat die Reise ihren eigenen Plan. Das Kennenlernen des lokalen Fußballtrainers führt schließlich zu einem Empfang beim Bürgermeister. Der will die weitgereisten Gäste nicht so schnell wieder fortlassen und empfiehlt ihnen, das hoch oben in den Bergen gelegene Dorf San Felix zu besuchen. Bis vor einem Jahr wäre dies noch unmöglich gewesen. Da herrschten dort oben noch Guerilla und Paramilitärs. Selbst unsicher geworden berät er sich noch einmal mit dem „Stadtrat". Der nickt zustimmend. Mit diesem amtlichen Segen fahren wir los.

Tausend Meter höher und eine Stunde später befinden wir uns in völlig anderer Umgebung. Um Salamina waren Kaffeesträucher und Bananenstauden allgegenwärtig. Das grüne kühle Weideland hier oben erinnert eher an Irland. Stolze Reiter mit weißem Sombrero und Poncho holen uns rasch wieder in die südamerikanische Realität zurück. Esel, links und rechts mit Milchkannen behängt, traben den Weg entlang. Nach einem letzten Hügel schiebt sich das Dorf ins Blickfeld. Durch schmale Gassen tasten wir uns zur Plaza vor. Hier empfängt uns eine eigenartige, fast schon gespenstische Stimmung. Für kolumbianische Verhältnisse ist es ungewöhnlich still. Die wenigen Menschen auf der Straße beobachten uns aus den Augenwinkeln. Ab und zu bewegt sich hinter den Fenstern ein Vorhang. Ein Straßencafé öffnet seine Fensterläden. Ein deutlicher Hinweis, was wir in dieser speziellen Atmosphäre als nächstes zu tun haben. Wir können ihm nur folgen und setzen uns an einen der Tische an der Plaza, gespannt, was da kommen mag. Ich spüre, irgendetwas wird passieren.

Ängstliches Interesse weicht im von der Gewalt heimgesuchten Dorf San Felix schnell freundlicher Neugier.

Der Besitzer bringt die Bestellung und setzt sich zu uns an den Tisch. Als hätte das Dorf regelrecht auf dieses Signal gewartet, strömt einer nach dem anderen herbei. Die beiden Fremden auf dem Motorrad sind offenbar harmlos. Gespannt hören sie uns zu. Wir sind offenbar die ersten Ausländer, die seit Ewigkeiten den Weg hierher gefunden haben. Unsere Gastgeber haben eine schlimme Geschichte für uns. Der Wirt beginnt zu erzählen: „Von den einst 10000 Einwohnern des Dorfes und der Umgebung sind noch 1500 übrig. Der Rest ist entweder geflohen oder wurde erschossen. Erst vor einem Jahr gewann die Staatsmacht Kontrolle über das Gebiet. Vorher terrorisierten uns abwechselnd Guerillas und Paramilitärs."

Die San Blas Inseln kommen dem Klischee vom Paradies ziemlich nah. Hier leben die Kuna Indianer von Kokosnüssen und dem Fischfang.

Wir verlassen Südamerika zu Wasser – Motorradverladung auf´s Segelschiff.

Der Lehrer schildert, wie das normalerweise ablief: „Die Guerilla kam aus den Bergen herab und belagerte mit Waffengewalt den Hof eines Bauern, um sich dort wochenlang zu verköstigen. „Hacemos un acampamento“, sagten sie dazu. Nachdem nichts mehr zu holen war und sie wieder abgezogen sind, erschien ein Trupp Paramilitärs auf der Bildfläche. Sie beschuldigten den bereits gebeutelten Bauern der Kollaboration und erschossen die ganze Familie.“ Die anfängliche Furcht der Menschen erscheint jetzt in einem anderen Licht. Hat doch früher jeder Fremde nur Unheil gebracht. Der Lebensmut dieser Menschen ist bewundernswert. Wie würden wir nach solch traumatischen Erlebnissen reagieren? Was macht man durch, wenn eines Tages die Familie des Nachbarn aus reiner Willkür erschossen wird? Ist man selbst als nächster an der Reihe?

Dass das Leben noch lange nicht zur Normalität zurückgekehrt ist, zeigt uns die folgende Szene: Als ich ein Foto von dem bunten Haufen machen möchte, kommt ein Polizist aus seiner mit einem schweren Drahtvorbau – er soll Handgranaten auf Distanz halten - gesicherten Wache. „Was macht ihr für Fotos?“, fragt er uns höflich aber bestimmt. Erst, als wir mittels alter Zeitungsartikel von uns den Grund erklären, entspannt er sich. Doch die Polizeistation dürfen wir unter keinen Umständen fotografieren.

Zwischen Nord- und Südamerika fehlen 130 Kilometer Straße. Es gibt hier nur ein schier undurchdringliches Dschungelgebiet, wo allerlei Gefahren lauern sollen. Drogenbanden, Guerillas und Blutegel haben hier Heimspiel. Unser Abenteuerdrang ist in dieser Hinsicht nicht übermäßig ausgeprägt, sodass wir es nur im Notfall mit ihnen aufnehmen möchten.

Mit diesem Wissen treffen wir in der alten Piratenstadt Cartagena an der Karibikküste ein und machen uns auf die ungewisse Suche nach einer Überfahrt per Schiff. Wie in jeder kniffligen Situation findet sich auch hier eine Lösung. Besser gesagt, sie sitzt in einer Hafenkneipe beim Bier und findet uns. Mark stellt sich als Kapitän eines Segelbootes vor. Nach dem dritten Glas bietet er an, uns mitzunehmen. Nach ein paar Jahren „auf der Straße“ haben wir notgedrungen eine passable Menschenkenntnis entwickelt und vertrauen Mark sofort. Die Überfahrt wird gleich per Handschlag besiegelt.

Am nächsten Tag hieven wir die Motorräder an Deck und binden sie am Mast fest. Für sechs Tage segeln wir durch die Karibik. Stürmische Wellen und eine damit verbundene fürchterliche Seekrankheit lassen uns die ersten davon nur im Delirium wahrnehmen. Mir ging es sehr selten so lange so schlecht. Rechtzeitig zum Zwischenstopp auf den kitschig schönen San Blas Inseln kommt das Leben zurück.

Die Zweifel waren groß, ob wir Südamerika überhaupt verlassen sollten. Die vielfältige Kultur, die Lebensart und vor allem die herzlichen Menschen waren uns ans Herz gewachsen. Zuletzt, in Kolumbien, wurden wir fast wie Ehrengäste behandelt. Jeder fühlte sich persönlich dafür verantwortlich, das schlechte Image des Landes ad absurdum zu führen. Jetzt geht es langsam auf dem Meer schaukelnd einem neuen Kontinent entgegen. Die Gefühlslage pendelt irgendwo zwischen Erwartung und Traurigkeit.

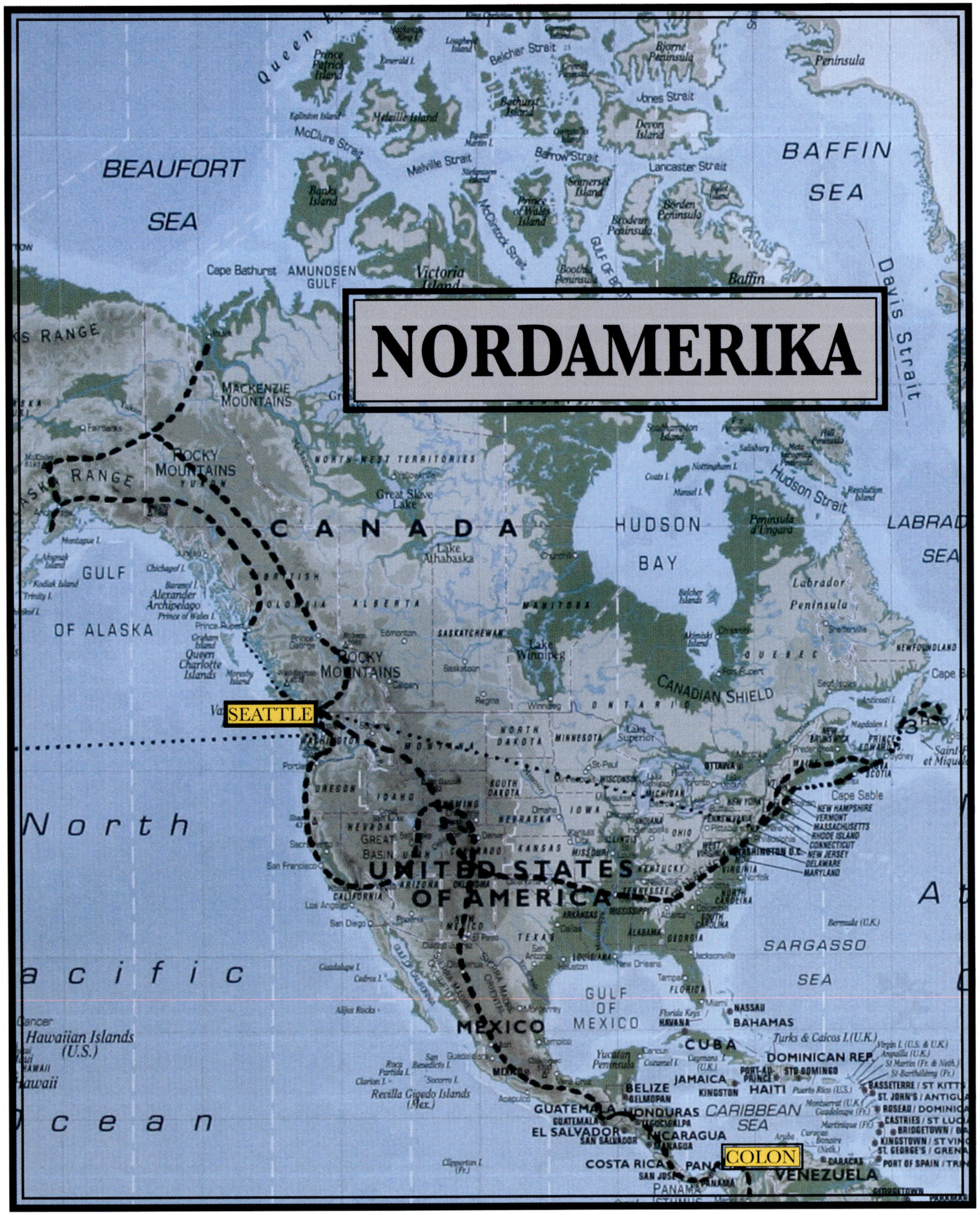

Unter Mayas

Schwül und schmutzig – so empfängt uns Colon. Die Hafenstadt in Panama ist die erste auf der Reise, in der wir uns nicht trauen, den Fotoapparat auszupacken. Harte, durchbohrende Blicke treffen uns. Alles, Gebäude und Gesellschaft, ist vom Verfall gezeichnet. Die schmutzig-finsteren Gassen und Hinterhöfe wären der perfekte Drehort für einen Gänsehautkrimi. Wahrscheinlich würde aus dem Kameramann schnell der Hauptdarsteller. Das Dunkle der Welt konzentriert sich hier am Nadelöhr von einer Hälfte in die Andere. Colon markiert den Beginn (oder das Ende) des Panamakanals.

Mittelamerika verlangt Eintritt. Nachdem wir uns einen ganzen Tag mit dicken, das Korruptsein gewohnten Staatsdienerinnen auseinandergesetzt haben, um die Motorräder aus dem Zoll zu bekommen, dürfen wir endlich aufbrechen. Auf dem Weg durchs Land finden wir nichts, das zum Verweilen einladen könnte. Es liegt wohl auch daran, dass wir uns mehr oder weniger grundlos getrieben fühlen und Mittelamerika als Durchgangsstation betrachten. Eine Ausrede zum Weiterfahren gibt es immer: Panama hat es sich von vornherein verdorben, Nicaragua ist uns zu heiß, Costa Rica zu touristisch und Honduras zu laut.

Zum Glück kann uns wenigstens Guatemala, die kulturell interessanteste der „Bananenrepubliken", bremsen. Auch wenn die Begrüßung nicht besonders freundlich ausfällt. So viel Mühe wir uns im dicht besiedelten Bergland auch gegeben haben, relativ lautlos im Unterholz des kleinen Wäldchens zu verschwinden, um unser Nachtlager zu errichten – es hat nichts genutzt! In der Dämmerung schlagen ein paar Steine neben unserem Zelt ein. Die anfängliche Angst verwandelt sich schnell in Ärger. Wahr-

Rechts: Lange stehen wir vor den Pyramiden und wundern uns, wie eine technologisch so fortgeschrittene Kultur wie die der Maya so einfach verschwinden konnte. Man vermutet Überbevölkerung, Krankheiten oder Umweltprobleme als Ursache. Noch bevor die Spanier Amerika erreichten, war die Tikal bereits untergegangen, die Mayas Geschichte. Der Dschungel hatte sich alles zurückgeholt. Die Ruinen in ihrer heutigen Gestalt mussten erst von meterdicker Vegetation befreit werden, damit wir sie so bewundern können.

Markt in Chichicastenango

Garantiert alles Unikate

scheinlich sind es nur Kinder, die wissen wollen, welche Geister in der grünen Stoffbehausung stecken. Mit viel Überwindung schäle ich mich aus dem Schlafsack und werfe, sehr zornig und sehr pädagogisch, einige Steine in Richtung der unsichtbaren Angreifer zurück. Wider Erwarten hilft es. Die Unsichtbaren ziehen von dannen.

Aus den Bergen führt die Route hinunter ins Tiefland im Osten Guatemalas. Hier unten spüren wir regelrecht die Tonnen schwüler, feuchtigkeitsgesättigter Luft auf uns lasten. Ringsherum tristes Weideland. Hunderte von Kilometern sattgrüne Monotonie. Nach langem Anlauf wird es interessant. Plötzlich sind wir von Dschungel umgeben. Schilder warnen vor Schlangen, Nester der in Kolonien lebenden Webervögel hängen wie schlaffe Säcke von den Bäumen. Wir sind an den Maya-Ruinen von Tikal angelangt. Am Ende der Straße geht es durch tunnelartige Wege unter dem Urwalddach zu Fuß weiter. Der dunkle, spannende Weg ist die Ouvertüre eines großen Schauspieles. Wie Zeugnisse aus einer anderen Welt tauchen nach einer halben Stunde die ersten Ruinenmauern in der grünen Wand auf. Wenig später treten wir aus dem Halbdunkel auf eine sonnenüberflutete freie Fläche. Beeindruckend ist für den Anblick, der sich uns jetzt bietet, stark untertrieben. Bis zu 60 Meter hohe Pyramiden und Steintribünen stehen plötzlich einfach da, eingerahmt von der Kulisse des alles beherrschenden Dschungels. Papageien, Tukane und Brüllaffen huschen durchs Bild. Entlang verschlungener Pfade haben sich weitere Bauwerke versteckt. Nur teilweise sind sie aus der jahrhundertealten Umklammerung durch den Urwald befreit. Lianen überwuchern die Bauten der Mayas.

Indianerkinder müssen frühzeitig Verantwortung übernehmen.

Ein paar Tage später werden auch wir umschlungen, vom Verkehr. Der ist in den Großstädten Mittelamerikas gelinde ausgedrückt - chaotisch. Wir versuchen verzweifelt, diese zu umfahren. Guatemala City lässt sich nicht umfahren. So treffen wir die bestmöglichen Vorbereitungen, stürzen uns am frühen Morgen ausgeschlafen ins Gewimmel und – überleben. Nur zweimal werden wir touchiert. Ohne Knautschzone auf dem Motorrad relativ verwundbar, ist dies allerdings kein besonders angenehmes Gefühl. Vor allem die geschätzte 200 Jahre alten, verbeulten und schlachterprobten Lkw und Busse kämpfen mit harten Bandagen. Und mit allen Mitteln: Sie hüllen alles und uns in eine Wolke aus schwarzem Dieselruß.

Der Atitlansee soll uns für den überstandenen Großstadthorror großzügig entschädigen. In intensivstem Blau liegt er tief unten in einem erloschenen Vulkankrater. Dahinter strecken sich die Kegel dreier Vulkane gen Himmel. Wir haben noch mehr

Handarbeit

Typischer Kuscheltransport mittels Tuch auf dem Rücken.

Glück. Es wird gerade das wichtigste Fest des Jahres gefeiert: „Semana Santa", wörtlich übersetzt: die heilige Woche. Zu Deutsch: Ostern.

Am nächsten Tag ist die ganze Gegend um den See auf den Beinen. Auf den Bootsstegen wimmelt es von feiertagslustigen Menschen. Das Maisbier Chicha fließt in Strömen.

Doch das heilige Thema wird unterschiedlich ernst genommen. Im Getümmel fasst mir eine junge Dame aus eher unheiligem Grund ans Gesäß. Der Versuch, meine Geldbörse zu stehlen, misslingt. Trotzdem ist die Feiertagslaune erst einmal dahin und macht einer leichten Paranoia Platz. Ich sehe nur noch Taschendiebe. Zum Glück nicht lange. Mit ein wenig Abstand bleibt nur noch der Ärger über mich selbst, eine so leichtsinnige Verlockung geboten zu haben.

Eben noch führte die Straße an dem steilen Kraterhang hoch über dem Atitlansee entlang, um dann in der Mitte eines Dorfes unvermittelt zu enden. Diese wird von einem Fußballplatz aus festgetrampeltem Lehm gebildet. Ich werde an Brasilien erinnert, wo in kleineren Ortschaften die wichtigsten Institutionen, also die Kirche und der Fußballplatz, immer im Zentrum zu finden waren. Wenn ich an solchen Plätzen fragte, ob ich mitspielen könne, war das Eis sofort gebrochen. Wir gehörten sofort dazu. In Brasilien wurde höchstens kritisch, aber nicht todernst nachgefragt, ob wir aus Argentinien seien. Bei einem „Nein, aus Alemania" war der Tag gerettet. Selbst in den ärmsten Gegenden Afrikas oder Südamerikas, wo kulturelle, materielle und sprachliche Unterschiede ein Problem darstellen konnten, um mit Einheimischen in engeren Kontakt zu treten, überwand der Fußball solche Barrieren sofort. Es zählte nur noch, wie oft man den Gegner tunnelte.

Trotz der staubigen Spielfläche ist dieser Platz in dem ärmlich erscheinenden guatemaltekischen Dorf einer der bestgelegen weltweit. Zu seinen Füßen leuchtet im Gegenlicht silberfarben der See. Zwischen den Gipfeln der drei Vulkane dahinter geht gerade die Sonne unter.

Im Indianerdorf Chichicastenango ist regelmäßig Markt. Die Auswahl ist speziell und fantasievoll: feine Webereien, handgemachtes Kinderspielzeug, gebratene Schweinedärme und Potenzsteigerungsmittel auf Naturbasis. Ein kleines Restaurant versorgt uns mit dem üblichen Mittagessen: Reis mit Huhn und Salat. Kinder nutzen die Gelegenheit und bieten derweil kleine Puppen aus Pappmaché feil. Ich bin erstaunt, wie genau die Kleinen wissen, welche Knöpfe sie bei den Touristen drücken müssen, um etwas loszuwerden. Unser Verkaufsgespräch läuft in etwa so ab: „Ist die Mango (mein Nachtisch) für mich?" „Nein, die möchte ich selber essen." „Kauf mir was ab!" „Die Puppen sind schön. Aber ich brauche sie nicht. Danke." Mit nun jämmerlichem Gesichtsausdruck: "Aber ich habe heute noch gar nichts verkauft." „Das tut uns leid." Erneuter Strategiewechsel Richtung selbstbewusst bis frech: „Kauf mir was ab!" „Nein." Im Brustton tiefster Überzeugung: „Du bist schlecht!" Das wäre bei mir fast der richtige Knopf gewesen. Mit etwas mehr Platz im Gepäck hätte ich zugeschlagen.

Nicht immer laufen die Interessenkonflikte hier so friedlich ab. Vor wenigen Jahren war die Bevölkerung am Rande der Strecke von Quetzaltenango nach Guatemala

Stadt fast verschwunden. Die Massaker der Armee zielten immer auf dieselben: Indianer, Landarbeiter und Oppositionelle. Mindestens 150000 Zivilisten wurden getötet, 50000 werden vermisst. Jetzt scheint sich die Situation langsam zu entspannen und wir fühlen uns relativ sicher.

Die Reise lehrte uns so manches Mal, dass es verschiedene Wahrheiten geben kann und, dass jene, an die wir glauben, nicht immer die einzig richtige sein muss. Bei dem Wort „Kinderarbeit" dachte ich immer an Szenarien aus dem England der industriellen Revolution, wo Minderjährige in Zwölf-Stunden-Schichten ausgebeutet wurden. Natürlich ist es traurig, dass in einem armen Land wie Guatemala die Sicherung des Familienunterhalts oft auch die Mithilfe der Kinder erfordert. Es ist wohl auch zu bezweifeln, dass der schuheputzende Junge je mehr als nur eine sehr einfache Schulbildung erhalten wird. Vielleicht bestellt er später das Feld seines Vaters oder wird Schuster. Dennoch drücken seine Züge eine Zufriedenheit aus, während vielleicht im gleichen Moment irgendwo in der Welt materiell viel besser gestellte Kinder ihren Nachmittag gelangweilt vor dem Fernseher totschlagen.

Oben: Der Beruf des Schuhputzers muss überhaupt nichts despektierliches an sich haben. Zumindest drücken dies Mimik und Körpersprache der Protagonisten auf dem Foto aus.

Unten: Pedro erklärt uns voller Stolz die Funktionsweise seines Webstuhls. Die Farben Lila, Rot und Blau werden nur in einem Ort so getragen. Im nächsten Dorf ist die Zusammenstellung schon wieder ganz anders. Auf jeden Fall aber ist sie bunt. Ein Lob von uns zaubert ihm ein scheues Lächeln auf die Lippen. Das Bewusstsein seiner Verantwortung lässt ihn wohl älter erscheinen, als er wirklich ist.

Die Schwester des webenden Jungen trägt ebenfalls zum Familienunterhalt bei. Mit großem Enthusiasmus flechtet sie Armbänder in den gleichen Farben wie ihr Bruder.

Typische Momentaufnahme aus dem Alltag eines Dorfes. Tierische und menschliche Modelle fordern dabei den Fotografen geradezu heraus.

Im entlegenen Dorf Solola werden wir zufällig Zeugen einer Osterprozession. Ein Ereignis, welches uns als das fremdartigste und ergreifendste Fest in Lateinamerika in Erinnerung bleiben sollte. Die Entdeckungsreise beginnt unverhofft. Zuerst wundern wir uns, warum die Straßen mit aufwendigen Teppichen aus Sägespänen dekoriert werden. Auffällig festlich gekleidete Menschen bevölkern die Gassen. An den verschiedenen Farben der Trachten ist zu erkennen, dass sie aus unterschiedlichen Dörfern hierher gekommen sind. Über allem liegt eine feierlich aufgeregte Stimmung. Wir stellen die Motorräder ab, wollen mehr wissen und folgen dem Strom der Menschen.

Es dauert eine Weile, bis wir begreifen, dass jedes der Sägestaubkunstwerke für eine Leidensstation Christi steht. Die hölzernen Gemälde werden mit viel Aufwand und Liebe kreiert, sollen aber letztendlich nur eine sehr kurze Lebensdauer haben, ein signifikanter Unterschied zu den monumentalen, für die Ewigkeit gemachten Kunstwerken anderer Kulturen.

Langsam sammeln sich alle in einer Straße und formieren sich zu einem rund tausendköpfigen Prozessionszug. Der setzt sich am späten Vormittag unaufhaltbar in Bewegung. Vorweg läuft ein Mann mit einer überdimensionalen Ratsche und macht auf das kommende Ereignis aufmerksam. Wird eines der Pflasterbilder erreicht, knien alle zum innigen Gebet nieder. Alte Damen schwenken Gefäße mit Weihrauch. Dann trampelt der Zug mit den Priestern vorweg gnadenlos über das Bild. Zurück bleibt nur farbiger Holzstaub.

Der Umzug durch das kleine Dorf dauert mehrere Stunden. Wir können uns kaum satt sehen und kommen aus dem Staunen nicht mehr heraus. Die Boten des Christentums müssen gute Überzeugungsarbeit geleistet haben, damit die Nachfahren der Ureinwohner diese Religion mit solcher Inbrunst zelebrieren, selbst wenn einige Elemente indianischer Herkunft nach wie vor unverkennbar sind.

Als ob nichts geschehen wäre. Der Marktplatz, auf dem man ein paar Minuten später vor unseren Augen den Sarg mit der Leiche öffnen wird.

Verbotene Pfade

Größe macht selbstbewusst. Körpersprache, Mimik und Kleidung der Mexikaner sagen ein und dasselbe: Wir sind stolz auf unser Land. Das ist ein deutlicher und für den Gast angenehmer Unterschied zu den bisher bereisten Staaten Mittelamerikas. Denn selbst die Zollbeamten behandeln uns sehr höflich und nach den letzten Grenzerfahrungen ungewohnt korrekt. Man will beim Besuch einen guten Eindruck machen. Nur die vielen schwer bewaffneten Straßenkontrollen geben uns anfangs zu denken. Sie erzeugen und zeugen von Angst: Diese Gegend, der südlichste Bundesstaat Chiapas, ist noch immer sehr unbeständig. Er geriet 1994 in die Schlagzeilen der Weltpresse, als sich die indianisch-bäuerliche Landbevölkerung eines der ärmsten Gebiete Mexikos zu einem Aufstand zusammenschloss. Unter Führung von Subcommandante Marcos, einem modernen Robin Hood, wurden Waffenlager der Polizeistationen geräumt, Gefängnisse geöffnet, der Gouverneur auf seinem Amtssitz

Ganze Berghänge schimmern in dem für das Auge ungewohnten Blau der Agaven.

gefangen genommen. Man ließ ihn ein paar Monate später mit einer interessanten Strafe wieder frei: „Du sollst bis ans Ende deiner Tage mit der Schande leben müssen, von denjenigen Vergebung und Güte erfahren zu haben, die du so lange erniedrigt, vertrieben, verschleppt, beraubt und ermordet hast." Danach flammten die Kämpfe immer wieder auf. Es kam zu zahlreichen Massakern an der unschuldigen Bevölkerung. Selbst zehn Jahre später sind die Spannungen noch immer deutlich spürbar.

Auch im Indianerdorf Chamula. Unheimlich und dunkel nimmt uns das Innere der Dorfkirche in Empfang. Durch die staubigen Farbglasfenster fällt gedämpftes Licht. Der Boden ist komplett mit Kiefernnadeln bedeckt. Die Flammen hunderter Kerzen tanzen gleichmäßig im Luftzug. Man sagte uns, dass Indianer die Kirche nutzen, um böse Geister auszutreiben. Der Priester der katholischen Kirche, der Bauherr des Gebäudes, ist längst geflohen. Wir setzen uns unauffällig in eine Ecke und warten auf das, was da kommen mag.

Und es kommt. Eine Familie schleicht herein, setzt sich im Kreis auf den Boden. Die Kiefernnadeln in ihrer Mitte werden beiseite gefegt und ein paar Dutzend Kerzen an der Stelle aufgestellt und entzündet. Eine alte Indianerin, sicher die Oma, stimmt einen minutenlangen, eintönigen Singsang an. Ein mitgebrachtes Huhn zappelt unruhig zwischen den Fingern seiner Bewacher. Es scheint sein Schicksal zu ahnen! Die Mutter packt es an den Flügeln und streicht es in kreisenden Bewegungen über den Körper der Tochter. Dann hat seine Stunde geschlagen. Oma schneidet ihm kurzerhand den Kopf ab. Das spritzende Blut wird als Opfergabe auf den Boden geträufelt, außerdem (oh je!) Coca Cola sowie eine durchsichtige Flüssigkeit. Aus dieser Flasche nimmt danach jeder einen langen Zug. Die Gesichtszüge entspannen sich, was darauf schließen lässt, dass es sich bei dem Durchsichtigen um Hochprozentiges handelt.

Die Zeremonie dauert etwa eine Stunde. Etwas mitgenommen verlassen wir die bösen Geister der Kirche und setzen uns auf eine Treppe am Rand des Zocalo, dem mexikanischen Marktplatz. Das Dorf ist noch nicht fertig. Es will noch einmal schockieren. Ein Trauerzug marschiert über den Platz. Der Sarg ruht auf den Schultern von sechs Indianern. Zufällig setzen sie ihn genau vor uns ab und öffnen den Deckel vor unseren Augen! Ein älterer Indianer scheint friedlich darin zu schlummern. Seinen weißen Strohhut hat man ihm auf den Bauch gelegt. Nachdem er einen letzten „Blick" über seinen Marktplatz werfen durfte, wird der Sargdeckel zugeklappt und der Zug setzt sich wieder in Bewegung. Wir bleiben erstarrt zurück, schauen uns ungläubig an, ob wir gerade das Gleiche wahrgenommen haben.

Im Keller einer Tequila Destillerie: Mit dem Mühlstein werden die Agave Pflanzen zu Maische zerquetscht.

Bei Guadelajara präsentiert sich die Landschaft in ungewohntem Farbton: Leuchtend graublau. Agavepflanzen, der Rohstoff, aus dem das mexikanischste aller Getränke gemacht wird, sind dafür verantwortlich. Das Städtchen Tequila liegt im Zentrum dieser Gegend.

Angelockt vom süßlichen, durch das Tal wabernden Geruch aus den Destillerien, wollen wir mehr wissen und halten am Wegesrand. Ein Bauer mit weißem Hut und Schnauzbart ist gerade dabei, Sprösslinge von den Agavenpflanzen abzuschlagen. Stolz, dass sich zwei Gringos für seine Arbeit interessieren, erklärt er uns, was es damit auf sich hat: „Auf diese Weise vermehren wir die Pflanzen. Die gekappten Sprösslinge können bis zu zwei Monate so liegen bleiben, bevor wir sie in die Erde stecken. In acht bis zwölf Jahren wächst daraus eine erntefähige Frucht. Die Ernte, die so genannte Jima, ist der härteste Teil der Arbeit. Die Jimadores stehen den ganzen Tag in der prallen Sonne und schlagen mit einer Schneide an einer schweren Eisenstange die Blätter ab. Nur die etwa sechs Kilogramm schwere, ananasähnliche Knolle, das so genannte Herz, wandert in die Destillerie."

Der Vulkan zieht unsere Blicke magisch an. Ständig suchen wir, eher unterbewusst, nach einer Lücke im Häusermeer der Zweimillionenstadt Puebla, um die schneebedeckte Kuppe zu bewundern. Im Chaos des Verkehrs unwirklich, unantastbar erscheinend, trohnt der 5452 Meter hohe Popocatepetl über dem Smog.

Zwischen all der Hektik und dem Lärm der Metropole sehnen sich unsere Sinne nach der Ruhe, wie sie der Berg ausstrahlt. Doch die Großstadt entlässt ihre beiden Opfer nur mit offensichtlichem Widerwillen. Schwitzend kämpfen wir uns durch den zähen Strom der glühend heißen Verkehrsadern und atmen erleichtert auf, als wir uns auf schmalen Landstraßen dem Popo nähern. Der fruchtbare Boden am Fuße des Vulkans ist bis auf den letzten Quadratmeter kultiviert. Im Dezember 2000 wurde diese Gegend wegen eines drohenden Ausbruchs evakuiert. Zehntausend Menschen mussten Felder und Behausungen verlassen. Ständig passieren wir Verkehrsschilder mit der Aufschrift FLUCHTROUTE. Wir fahren genau in die entgegengesetzte Richtung. Geradewegs Richtung Gipfel. Beharrlich schraubt sich der Forstweg den Hang des Vulkans hinauf. Kakteenfelder sind mittlerweile von Kiefernwäldern abgelöst. An einer Stelle fesselt uns die Aussicht auf den von der Abendsonne gefärbten Gipfel so stark, dass wir sofort anhalten und das Zelt aufstellen müssen. Auf einem schlafenden Vulkan zu übernachten, ruft ein sehr inniges, von Respekt geprägtes Gefühl zur Erde hervor. Wir sind nur Gast, fühlen uns aber in diesem Moment sicher und geborgen.

Links: Während wir für eine Nacht auf seiner Flanke zu Gast sind, steigen Rauchschwaden vom Krater des Popocatepetl auf .

Rechts: Überraschungen, wie dieser Wasserfall, sind die Höhepunkte bei der Fahrt durch das tropisch heiße Tiefland im Süden Mexikos. Sie werden zum kleinen Paradies, wenn wir uns an Ort und Stelle im klaren Wasser abkühlen können.

Immer wieder staune ich, wieviele Menschen davon leben können (müssen), täglich nur geringe Mengen eines Produktes zu verkaufen. Hier ist es Zuckerwatte. Andere haben ein Häufchen Erbsen oder ein paar Schachteln Streichhölzer anzubieten.

Eigentlich wollen wir nur zu Mittag essen. Die Kellnerin, Köchin und Besitzerin in einer Person zeigt uns dann noch nebenbei, wie Tortillas, das Grundnahrungsmittel der Mexikaner, gemacht werden.

Mexikaner legen viel Wert auf das leibliche Wohl. Dabei wird an alles gedacht. Dieser Mann bietet Cocktails im Straßenverkauf an. Das Prinzip: Eingemachte Früchte werden mit Tequila und Co. verfeinert.

Auf dem Land wirkt Mexiko noch sehr authentisch. Auf dem Foto ist unser Revolverheld José (rechts) mit seinem Nachbarn Filipe zu sehen.

Wir befinden uns tief in den Bergen der Sierra Madre. Das Zelt ist gerade in dem vermeintlich einsamen Wald aufgestellt, da taucht ein älteres Ehepaar auf. Noch wissen wir nicht, dass gerade diese beiden Menschen unsere Beziehung zu dem Land entscheidend beeinflussen werden.

Wenn es so etwas wie typische Mexikaner gibt, dann sind es José und Maria. Sein wettergegerbtes Gesicht mit Schnauzbart zeigt immer ein Kavalierslächeln, dazu der obligatorische Hut. Marias lange, schwarze Haare mit den altersbedingten silbernen Strähnen lassen sie wie eine Grand Dame erscheinen. Mit seinen wachsamen, braunen Augen blickt José zweifelnd auf unser Zelt und fragt: „Habt ihr eine Pistole?" „Nein, brauchen wir denn eine?" „Natürlich braucht ihr die hier!", legt so viel Pathos wie möglich in seine Stimme. „Hast du denn eine Pistole?" Stolz hebt er seine Jacke. Im Gürtel steckt ein großer Revolver. Ich bin mir sicher, dass José keiner Fliege etwas zuleide tun könnte. Deshalb kenne ich die nun folgende Antwort schon, stelle die Frage aber trotzdem. „Wie oft hast du die denn schon benutzen müssen?" „Ach, hm, na ja. Bis jetzt habe ich sie noch gar nicht gebraucht. Aber hier in der Sierra muss man eine Pistole haben!" Natürlich hat es keinen Sinn, sich dieser Argumentation eines Mexikaners zu widersetzen.

Die beiden nehmen uns gleich mit zu ihrem Haus. Dessen Wände sind aus Lehm, das Dach mit Stroh gedeckt. Strom gibt es keinen, dafür Kerzen und Petroleumlampen. Wasser wird mit Hilfe eines Windrades hochgepumpt. Während Maria Kaffee und Abendbrot bereitet, greift José das Lieblingsthema der Latinos auf, die Familie: „Wir haben zehn Kinder. Davon leben sechs in Kalifornien, ein paar illegal. Deshalb können sie uns auch nicht so einfach besuchen kommen. Eine Tochter haben wir schon seit drei Jahren nicht mehr gesehen. Zwei Kinder leben in Städten der Umgebung. Eine Tochter und ein Sohn wohnen hier auf dem Hof. Beide sind leicht behindert. Das hat sie bis jetzt daran gehindert, das Leben hier draußen mit einem bequemeren in der Stadt zu tauschen." Maria stellt das tägliche Abendessen auf den Tisch: Frijoles (Bohnen), Chilisauce und Reis. Dazu gibt es Tortillas mit zerlaufenem Käse in der Mitte. Als sei es die normalste Sache der Welt, sitzen wir mit der mexikanischen Familie am Tisch. Vor einer Stunde hatten wir sie noch gar nicht gekannt. In diesem Moment beschleicht mich das sehr gute Gefühl, in Mexiko angekommen zu sein.

Zu Gast bei Maria und José – die Küche fungiert auch als Ess- und Wohnzimmer.

Mit jedem Tag gefällt uns das Land besser. Ständig hält es eine Entdeckung bereit. Wie die folgende Geschichte, die man getrost ohne den deutlich sichtbaren Beweis in der Sparte „Legenden" ablegen könnte: Es geschah am Nachmittag des 20. Februar 1943. Der Bauer Dionisio Pulido grub sein Feld um. Da begann plötzlich der Boden unter seinen Füßen zu beben. Die Erde öffnete sich mit einem 50 Meter langen Riss, spieh Feuer und Rauch. Schwefelgeruch breitete sich aus. Der Vulkan Paricutin wurde geboren. Erst war es nur ein kleiner Hügel, der Tag für Tag größer wurde. Dann sandte er seine Lavaströme aus, die zwei Indianerdörfer begruben. Wobei er gnädig vorging: Die Einwohner hatten genug Zeit, um Hab und Gut zusammenzupacken und vor der glühenden Erde zu fliehen. Von den zwei Dörfern Paricutin und San José blieb nur der Kirchturm stehen. Seitdem lässt es sich trefflich darüber debattieren, ob dafür rein physikalische Gründe – das Steingebäude ist sicher lavaresistenter als die Lehmhäuser der Bevölkerung – oder höhere Kräfte verantwortlich waren.

Seit Stunden fahren wir auf der Hochebene durch lichte Kiefernwälder. Plötzlich bricht hier auf dem Plateau im Norden Mexikos unvermittelt die Erde weg. Vor uns liegt die Kupferschlucht. Die Barranca del Cobre, der spanische Name trägt dem beeindruckenden Naturereignis eher Rechnung, ist um ein Vierfaches größer als der berühmte Grand Canyon und setzt sich aus sieben Tälern zusammen.

Höhlen und Holzhütten der Indianer vom Stamm der Tarahumara lugen überall zwischen den Bäumen hervor. Alles wirkt sehr ursprünglich. Wegen der Abgeschiedenheit und Unzugänglichkeit der steilen Berghänge konnten äußere Einflüsse, ganz im Gegensatz zum Rest Nordamerikas, ihrem ursprünglichen Lebensstil noch nichts anhaben.

Laut Karte soll es einen Weg auf den Grund der Schlucht geben. Das Papier sagt allerdings nichts über das Abenteuer, das uns jetzt bevorstehen soll. Die knapp fahrzeugbreite Piste ist regelrecht in den Felsen gemeißelt. Mit starkem Gefälle stürzt sie sich ins Tal. Das Problem beim Fahren ist eher psychologischer Natur. Links greift die Felswand nach den Spiegeln. Rechterhand gibt es keine Barriere, die den mehrere hundert Meter tiefen Fall stoppen könnte. Wir brauchen viele Pausen; zur Pulsberuhigung und zum Genießen der fantastischen Aussichten. Unten angekommen, hat sich nicht nur das Klima vom kühlen Bergland in Backofentemperatur verwandelt. Auch sonst geht es heiß her. In Batopilas, dem Dorf am Ende der Straße, scheint die Zeit auf dem Höhepunkt der Western-Ära stehengeblieben zu sein. Eine einzige schmale Gasse führt durch den Ort. Mexikaner wie aus dem Heimatfilm, mit weißem Hut und Cowboystiefeln, stolzieren über die Plaza. Manchmal blitzt ein Revolver im Gürtel. Nur die Pferde wurden hier und da gegen alte Pickups eingetauscht. Die Atmosphäre knistert, als könnte jederzeit eine Schießerei von Balkon zu Balkon ausbrechen. Wir werden taxiert.

Als wir M. kennen lernen, erfahren wir den Grund. Eher klein und unscheinbar, geht eine bestimmte Energie von ihm aus. Er erklärt uns die Vorbehalte Fremden gegenüber: „Das ganze Dorf lebt mehr oder weniger vom Drogenanbau. Deshalb ist man vorsichtig gegenüber möglichen Spitzeln aus den USA." M. schenkt uns ein breites Lächeln, das einige Zahnlücken entblößt. „Der ganze Stoff gelangt auf den unersättlichen Markt hinter der nahen Grenze. Die umliegenden, fast unzugänglichen Berghänge sind voller Opium und Marihuanafelder. Ab und zu fliegt die Regierung Hubschraubereinsätze. Als Alibi. Ein paar Felder werden vernichtet, was dann groß in der Zeitung steht. In Wahrheit ist hier jeder bis ganz nach oben am Geschäft beteiligt."

Der Kirchturm des Dorfes wurde von der Lava eingeschlossen, blieb aber erstaunlicherweise verschont. Im Hintergrund ist der Ursprung des „Wunders", der Vulkan Paracutin, zu sehen.

Als ob es diese Aussage zu unterstreichen gilt, werden wir Zeugen, wie der Gouverneurswahlkampf in Batopilas funktioniert. Der Kandidat der PAN-Partei hat es für nötig befunden, dem eigentlich unbedeutenden Dorf am Grunde der Schlucht seine Aufwartung zu machen. Allerdings wirbt er nicht mit Kugelschreibern und Mützen mit Parteiabzeichen. Das geht hier gar nicht. Nein, die Talbewohner werden mittels zweier spendierter Ochsen am Spieß von der besten Politik überzeugt. Dazu fließt reichlich Freibier.

Busse sind für die Pisten der Kupferschlucht nicht robust genug. Das Leben in den abgelegenen Dörfern scheint sich während der letzten hundert Jahre nicht sehr verändert zu haben. Cowboyhut, Revolver im Gürtel, nur die Pferde hat man teilweise in Pickup Trucks umgetauscht.

Badetag á la Mexiko – das beste Mittel gegen die Mittagshitze.

So wehren sich die großen Jungs gegen die Sonne.

Nach und nach lernen wir die Verhältnisse im Dorf besser kennen. Der Freund von M. besitzt den einzigen Internetanschluss im Dorf. Die Technologie ist satellitengestützt und so modern, dass er selbst nicht so richtig weiß, wie sie funktioniert. Aber sein zehnjähriger Sohn kennt sich aus. So haben wir die seltsame, aber geschätzte Ehre, hier, am Ende der Welt, im Lehmhaus eines Drogenproduzenten E-Mails ins All zu versenden. Draußen auf der Veranda werden die nächsten Geschäfte besprochen. Man ist sehr nett zu uns. Von Wasser über Bier bis hin zu Tequila wird uns ständig alles angeboten, was die Hausbar hergibt. Und noch viel mehr. Wir aber sind gegen derartige Verlockungen immun. Das Leben ist spannend genug. In der Wohnung bekommen wir kiloweise weißes Pulver und Marihuanapacken im Backsteinformat zu Gesicht. „Fahrt hier im Tal bloß nicht von der Hauptstraße ab. Man könnte Euch für Drogenpolizei halten." Es gibt keinen Grund, Manuels Rat nicht zu beherzigen. Zu gut erinnern wir uns an den Kommentar über sein Maschinengewehr: „Este es solamente para problemas grandes – das wird nur bei großen Problemen rausgeholt."

In der ehemaligen Bergwerkssiedlung La Bufa werden wir Zeugen eines ganz anderen Dramas. „Sie sind zusammen runter zum Fluss. Ich erschieße ihn jetzt.", sprudelt es aus dem Munde eines jungen heißblütigen Indianers. Es bedarf einiger Erklärungen seiner Freunde, bis wir begreifen, was es damit auf sich hat. An den Fluss geht man immer, um Sex zu haben. Zwischen den steilen Felswänden der Schlucht ist der Flusssand die einzig angenehme und ebene Unterlage. Warmes Badewasser ist auch gleich da.

Der junge Mann ist außer sich, fuchtelt aufgeregt mit der Pistole. Offensichtlich hat sein Nebenbuhler bei der Balz größeren Erfolg gehabt und muss jetzt erschossen werden. Die Szene hat etwas Tragisch-Komisches. Das Grinsen lässt sich nur schwer von meinem Gesicht fernhalten. Solange wir in La Bufa bleiben, können seine Freunde ein Blutbad verhindern. Für Stunden reden sie ihm gut zu, machen die Vorzüge anderer Frauen schmackhaft. Das hilft natürlich wenig bis gar nicht. Letztendlich wird der verschmähte Romeo mit reichlich Tequila betäubt und schlafen gelegt.

Die Grenze zu den USA ist weniger als eine Tagesreise entfernt. Ein trauriges Abschiedsgefühl macht sich breit. 18 Monate waren wir in Lateinamerika unterwegs, haben es kennen und lieben gelernt. Mexiko gefiel uns umso besser, je länger wir hier waren. Wir konnten nicht einfach durch fahren. Das Land hat uns entlang des Weges adoptiert. Wenn wir angehalten haben, lief das ganze Dorf zusammen, um Guten Tag zu sagen. Jetzt liegt die Grenze zu einer so völlig anderen Kultur vor uns. Sie soll nicht so ganz einfach zu überwinden sein. Speziell dann, wenn man nicht unbedingt den Eindruck seriöser Bankangestellter vermittelt.

Am Rand der Kupferschlucht – tausend Meter geht es vor unseren Augen fast senkrecht hinab. Der reißende Fluss im Tal ist nur noch als Rinnsal zu erkennen.

Mädchen vom Stamm der Tarahumara – der Besen in ihrer Hand besteht aus Kiefernnadeln.

Der junge Mann hat Liebeskummer. Der drückt sich bei Indianern nicht anders aus, als bei Jugendlichen im Rest der Welt.

Nur ein paar Kilometer von diesem surreal schönen Anblick der Erde entfernt lagert die Vernichtung dieser – das Langstreckenarsenal der USA.

Superlative

Die Rückkehr in die "Erste Welt" fällt leichter, als erwartet. Vielleicht hat es geholfen, an der Grenze die zehnfache Menge an Bargeld anzugeben, als wir eigentlich zur Verfügung haben. Ich glaube lieber daran, dass dieser neue Abschnitt unserer Reise einfach unter dem gleichen guten Stern steht, der uns schon die letzten vier Jahre begleitet hat. Das gibt Auftrieb.

Wir betreten die USA über den Bundesstaat New Mexico, wegen des Namens wohl insgeheim hoffend, dass der Unterschied zum Original nicht zu extrem ausfallen möge.

Von der einsamen Grenzstation führt die Straße durch unbewohnte Halbwüste. Dort müssen wir die Hoffnung begraben. Die erste größere Stadt, Demming, wächst aus dem Sand und bedient gleich alle Vorurteile auf einmal. Eine vierspurige Straße – Format

Die Abendsonne bringt das Relief der Gipswüste von White Sands zum Vorschein.

Jumbolandebahn – katapultiert uns in die Stadt. Für Kilometer scheint sie nur aus Fastfoodfilialen und Billigsupermärkten zu bestehen. Ich frage einen der seltenen Fußgänger nach dem Weg ins Zentrum. Dort auf eine Parkbank setzen, frühstücken und dabei versuchen, langsam anzukommen – das ist der Plan. Eine Taktik, die sich bisher immer bewährt hat.

Der Mann teilt uns mit, dass es sich bei diesem Stück trostlosen Asphalts mit den Futterkrippen links und rechts um das Zentrum handelt. Der beste Platz, um sich hinzusetzen, wäre der Supermarkt „Walmart“. Leicht verwundert folgen wir dem Rat, enden auf Plastikstühlen an Plastiktischen vor Plastikgeschirr und beobachten ballondicke Menschen, die Kartoffelchips in Plastiktüten in Schubkarrengröße aus dem Laden fahren.

Irgendwie zufrieden und enttäuscht zugleich, dass alle Klischees so perfekt bedient werden, fahren wir zurück in die Wüste. Die erste Lektion ist gelernt: Städte sind

hier nicht zum Angucken, sondern zum Einkaufen und Geldverdienen da. Das Amerika, nach dem wir suchen, findet woanders statt.

In der ersten Nacht campen wir in der schneeweißen Gipswüste von White Sands. Es fällt schwer zu glauben, dass man aus solch einem Ort natürlicher Schönheit einen Albtraum menschlicher Vernichtung machen kann. Nur ein paar Kilometer entfernt wurde am 16. Juli 1945 um 6:05 Uhr die erste Atombombe gezündet. Vor einer Stunde noch fuhren wir durch das Gebiet, wo die Verwandtschaft, das Langstreckenraketenarsenal des Landes, tief im Sand vergraben nur auf einen dummen Knopfdruck wartet...

Genug gemeckert! Vielleicht darf man seine Städte eintönig, herzlos und menschenfeindlich gestalten, wenn es außen herum so viel großartige Natur gibt. Zum Glück haben wir die Wahl zwischen beiden Extremen. In den spektakulären Nationalparks des Westens bleibt dem Besucher nichts weiter übrig, als zu staunen und Frieden mit dem Land zu schließen.

Die Rocky Mountains empfangen uns mit klaren Flüssen, dichten Espenwäldern und gelben Blumenwiesen zum Campen. Mit der Grenze von Colorado zu Wyoming erreichen wir nicht nur einen neuen Bundesstaat. Es ist, als würden wir ein neues Land betreten. Die Berge weichen der Prärie. Zorniger Wind peitscht über die Grasbüschel, soweit das Auge reicht. Selbst jetzt, Mitte Juni, kriecht uns die Kälte dieses Landstriches in die Knochen. Wie mag es hier wohl im Winter zugehen?

Seit einer geraumen Weile fahren wir durch ein Indianerreservat. Wahrscheinlich hielt es kein Weißer hier aus und hat deshalb den Ureinwohnern großzügig diesen Landstrich überlassen. Nach einem Tag Fahrt durch diese Weiten sehen wir voller Hoffnung die Berge wieder auf uns zukommen. Die

Links und rechts: Der Yosemite ist nur einer der zahlreichen Nationalparks, die uns immer wieder staunen lassen. Fast monumental wirken seine Granitberge, von denen zahlreiche Wasserfälle herabstürzen.

halten eine Überraschung bereit: Neuschnee. Ein Pass schraubt sich bis auf knapp 3000 Meter hinauf. Durch tief verschneiten Tannenwald folgen wir einem Forstweg. Heimatliche Wintergefühle kommen auf. Obwohl laut Kalender heute Sommeranfang ist!

Der Weg endet an einem malerischen See. Dahinter wächst eine Felswand in die Höhe. Erste Sonnenstrahlen brechen durch die Wolken, verdrängen sie nach und nach. Der Himmel wird tiefblau, der glasklare See zum Spiegel, verschneite Märchenlandschaft bei jetzt 25 Grad Celsius. Hier bleiben wir! Abends macht ein einsamer Angler mit zwei frisch gefangenen Forellen unser Glück perfekt. Das Lagerfeuer prasselt bereits.

Die nächsten Tage werden härter, als gedacht. Wir verlassen die Berge und müssen die Wüsten Arizonas, Nevadas und Südkaliforniens durchqueren. Jetzt, Mitte des Sommers, heizen sich die Erde und besonders die Asphaltstraßen unter der Sonne wie eine Herdplatte auf. Die frostigen Temperaturen Wyomings, erst vor ein paar Tagen verflucht, scheinen auf einmal so begehrenswert. So ergreifen wir die Flucht, wann immer sich eine Möglichkeit dazu bietet. Orte, die wir vorher tunlichst mieden – vollklimatisierte Supermärkte und Fastfoodrestaurants – werden zu Kälteoasen.

Bei einer weiteren „Rettung“ vor der Mittagshitze kommen wir in Overton mit

Oben: Der Yellowstone Nationalpark in Wyoming ist ein Beispiel von vielen, wo die Natur alle Register zieht, nur um zu beeindrucken. Heiße Mineralquellen sorgen hier für Bilder wie von einem anderen Planeten.

Unten: Etwa zwanzig Grad heißer ist die Luft etwas weiter südlich in Utah. Hier wurde die Natur zum Architekten und ließ den Sandstein zu fantasievollen Formen erodieren.

der Bibliothekarin ins Gespräch. Sie schildert uns die Situation im Ort: „Früher gab es hier viel Landwirtschaft. Gemüse und Früchte gedeihen in diesem Klima prächtig. Heute verdienen die ehemaligen Bauern mehr damit, wenn sie ihre Wasserrechte verkaufen. Das kostbare Nass wird abgepumpt, fließt nach Las Vegas. Das Mekka des Künstlichen mitten in der Wüste ist im letzten Jahrzehnt explosionsartig gewachsen und entwickelt entsprechenden Durst. Der nahe Stausee des Colorado, welcher die Stadt versorgen soll, hat einen so tiefen Wasserstand, wie noch nie."

Die USA beeindruckt sehr. Immer wieder und immer wieder anders. Doch die Illusion vom Land der grenzenlosen Freiheit ist uns genommen. Noch nie haben wir so viele Verbotsschilder gesehen, wie hier. „Betreten des Ufers untersagt, es könnte schlammig sein!" Mit solchen und weniger harmlosen „Hinweisen" wird den vermeintlich so freien Bürgern auch der letzte Funken gesunder Menschenverstand abgesprochen. Manchmal jedoch, wenn sich die großen Landschaften des Westens vor uns öffnen, können wir das unlimitierte Gefühl vergangener Zeiten gut nachempfinden. Nach drei Monaten schmeißt man uns raus. Das Visum ist abgelaufen. Wir bleiben bis zum letzten Tag.

Oben: Am 21. Juni, genau zu Sommeranfang, hüllt ein Schneesturm die Berge Wyomings in einen weißen Mantel, um sie danach im Sonnenschein um so intensiver erstrahlen zu lassen.

Unten: Auf einer Passstraße in Colorado wird deutlich, woher der Bundesstaat seinen Namen „der Farbige" hat. In diesen Bergen wurde früher nach Gold gegraben.

Stoppschilder

Die Vorfreude war da, die ganze Zeit. In Kanada wurde vor sechs Jahren die Idee zur Reise geboren, der Grund, warum sich über die Jahre eine besondere Erwartungshaltung zu dem Land erhalten hat. Jetzt kommt das eher subtile Gefühl hinzu, endlich wieder außerhalb einer schwer zu fassenden Willkür zu sein, wie wir sie beim südlichen Nachbarn ständig zu spüren glaubten. Dort schien jeder einzelne Polizist so viel Macht auf sich zu vereinen, dass man fürchten musste, beim Überfahren eines Stoppschildes standrechtlich erschossen zu werden. In weniger (selbst)gerechten Staaten mit unberechenbarer Staatsgewalt, durch die wir gereist sind, gab es auch Bedrohungen in Uniform. Da konnte man sich aber im Notfall immer mit etwas Kleingeld freikaufen.

Die Gefahr, ein Stoppschild zu überfahren, besteht in Kanada eher selten, schätzungsweise einmal pro Woche. Über tausende einsamer Kilometer tasten wir uns nach Norden vor. Die Weiten fordern Geduld. Auch, weil die Route immer wieder zu Abstechern in abgeschiedene Ecken verlockt. So fahren wir 180 Kilometer nur deshalb, weil uns der Name eines Indianerdorfes auf einem Wegweiser gefällt. „Gingolx" klingt, als ob man da unbedingt einmal gewesen sein müsste. Als Belohnung bekommen wir eine Fahrt mit grandiosen Aussichten, eine Geschichte und einen Lachs geschenkt. Letzteren gibt es, weil die Indianische Kultur das Teilen gebietet und weil Besuch so selten ist. Die Geschichte wird

Links: Camping am Nass Fjord im Indianerdorf Gingolx

Oben: Die Einsamkeit hoch oben in den Mackenzie Bergen ist so spürbar, dass sie mir beinahe Angst macht.

Mitte: Ein Kanadier nimmt mich mit zum Angeln unter der Mitternachtssonne im Yukon Territorium.

Unten: Am Fuße der Rocky Mountains

Die 500 km lange Insel Vancouver Island wird von ergiebigen Niederschlägen heimgesucht.

Nahrungskette: Vor einer halben Stunde räuberte der Hecht noch im einsamen See im Hintergrund.

Sie waren beinahe ausgerottet. Jetzt ist es fast wieder „normal", dass uns Büffel plötzlich den Weg versperren. Der Bulle ist von meiner Anwesenheit wenig beeindruckt, was ich aus umgekehrter Perspektive nicht behaupten kann.

gratis dazu geliefert und beginnt so: Ich liege im Zelt, lese ein Buch. Plötzlich kommen zwei große Pickups angerauscht und spucken eine laute Truppe junger Männer aus. Das unmissverständliche Zischen von Büchsenverschlüssen ist zu hören. Ich befürchte das Schlimmste: Mit unserer Ruhe ist es für heute wohl vorbei! Weit gefehlt! Die Jungs, unverkennbar Indianer, sind sehr nett, lassen ihr Boot zu Wasser und sind so schnell wie sie gekommen sind auf dem hier zwei Kilometer breiten Fluss verschwunden. Eine Stunde später kommen sie zurück. Im Boot liegen zwei prächtige Lachse. Den Kleineren, er wiegt mindestens acht Kilogramm, legt uns Freddy, ihr Anführer, wie selbstverständlich vors Zelt. „Hier, eine Kleinigkeit zum Abendessen!" Ich bin sprachlos. „Morgen früh kommen wir zurück", ruft Freddy noch aus dem Auto. Und schon sind sie weg.

Aus früh wird zwei Uhr nachmittags. Die Chance, mehr über ein Leben zu erfahren, das mich in den Indianerbüchern der Kindheit gefesselt hat, lässt uns ausharren. Die Drei lassen ihr Boot wieder zu Wasser. Wir dürfen sie begleiten, für mich das Größte. Ich darf gerade wieder Kind werden. Mit hoher Geschwindigkeit fliegen wir über die Wellen, geradewegs auf die schneebedeckten Berge auf der anderen Seite des Flusses zu. Ich fühle mich wie im Rausch, den Kinderbuchfantasien sehr nah. Kurz vorm Ufer erreichen wir das ausgelegte Netz. Seit Hunderten von Jahren fischt die Familie unserer drei Begleiter genau an dieser Stelle. Niemand sonst darf sie benutzen. Der Fluss hat hier eine starke Gegenströmung und ist etwa 20 Meter tief, was die Fische wie durch einen Trichter in die Falle treibt.

Freddy I, Freddy II und Don gehören zum Stamm der Kitsumkeylum, die diesen Abschnitt der Westküste Kanadas bewohnen. Sie leben hauptsächlich vom Lachsfischen. Momentan, Ende Mai, ziehen die Frühlingslachse. Fünf weitere Arten werden den ganzen Sommer über bis September den Nass-Fluss hinaufwandern.

Die Spannung steigt, als das grobmaschige Netz Stück für Stück langsam aus dem Wasser gehoben wird. Es scheint schwer zu sein. Dann wird der Fang sichtbar. „Verdammte Robben!", flucht Don. Einen

Moment später sehe ich warum. Über die Hälfte eines wohl ehemals dreißig Pfund schweren Lachses ist aufgefressen. Von einem weiteren hängt nur noch der Kopf in den Maschen. Trotz der gefräßigen Robben landet noch ein halbes Dutzend Fische im Boot. Für diesen eher schlechten Monat eine gute Ausbeute.

Wir haben die Ehre, das Dorf unserer drei neuen Freunde zu besuchen. Es liegt in einem Reservat, das ihnen von der Regierung zugewiesen wurde, 80 Kilometer flussaufwärts. Im Gegensatz zu den Siedlungen in der Halbwüste der USA, befindet sich ihr Zuhause in einer sehr lebenswerten Gegend, die nicht zum Stumpfsinn verleitet.

Die Fische werden bei Dons Frau abgeliefert. Mit einem großen Messer filetiert sie die Lachse – eine Geduldsarbeit. Auf dem Boden ihrer Räucherkammer schwelt ein Stück Zedernholz. Jeder hauchdünne Streifen Fisch wird einzeln aufgehängt. „Ahornholz ist auch sehr gut“, versichert uns Isabella. „Damit räuchere ich die Bauchstücke für die Ältesten, die mögen das besonders.“ Sie sagt das mit sehr viel Respekt. Altenabschiebeheime kennen die Indianer nicht. Hat man ein ehrenwertes Alter erreicht, bekommt man stattdessen seinen Lachs auf spezielle Weise geräuchert.

Wie selbstverständlich kriegen auch wir ein großes Stück geräucherten Lachs mit auf den Weg. Während wir durch das Dorf fahren, wird der Rest vom Fang des Tages an Onkel und Tanten abgegeben. Anders, als in den Reservaten weiter im Süden, wo die Menschen mangels Alternative zum Almosenempfänger abgestempelt sind, leben die Indianer hier noch traditionell von Jagd und Fischfang. Das Leben macht einen Sinn.

Wir erfahren noch mehr: Freddy I ist ein Frosch, Don ein Hase und Freddy II ein Puma. Das indianische Symbol wird jeweils von der Mutter an die Kinder vererbt und ist nach wie vor wichtig, eine Art Visitenkarte. Man erzählt uns Geschichten von der Jagd auf Elche und Bären, die sehr nach Karl May und nach alten Zeiten klingen. Das Beste daran: Sie sind Gegenwart. Nur wurden Kanus gegen Boote sowie Bogen gegen Gewehre getauscht. Don zeigt auf ein paar wilde Bergziegen in der Felswand, die ich selbst nie gesehen hätte und meint lächelnd: „Die sind sehr lecker!“ Abends fahren wir wieder zum Netz, lassen den mächtigen Fluss am Ufer sitzend vorbeirauschen und lauschen den Erzählungen aus einem Leben, von dem wir glaubten, es würde nicht mehr existieren.

Bärenspuren flößen uns immer wieder Respekt ein, speziell bei der Zeltplatzsuche. Diese bereiten weniger Kopfzerbrechen. Sie sind mindestens einen Regen alt.

Je weiter wir nach Norden vordringen, umso wilder wird die Gegend. Ein manchmal sehr angenehmes, manchmal aber auch Angst einflößendes Gefühl absoluter Einsamkeit macht sich breit. Nur in Wüsten haben wir bisher ähnliche Erfahrungen gemacht. Allerdings muss man sich hier oben, selbst 250 Kilometer vom nächsten Haus entfernt, keine Sorgen ums Überleben machen. Zumindest nicht im Sommer. Wasser ist in Seen und rauschenden Flüssen reichlich vorhanden. Ein Freund hat uns eine Angel mitgegeben. Eine Kleinigkeit, die aber unseren Reiserhythmus entscheidend verändert. Pausen werden jetzt nur noch an Erfolg versprechenden Gewässern gemacht. Selbst blutige Amateure wie uns versorgt die schier überquellende Natur aufs Beste. Als Beilage gibt es Pilze sowie Heidel- und Preiselbeeren. Ich erlaube mir einen kleinen Traum: Die Vorstellung, auf den jagenden und sammelnden Urmenschen reduziert zu sein, hat ihre Reize. Es gibt nicht viele Flecken auf der Erde, wo man dies heutzutage noch so ausleben könnte, wie im hohen Norden. Hier ist noch genügend Platz für diese Art von Freiheit. Richtig angenehm ist das Leben wohl nur für drei Monate im Jahr. So lange hat die Natur Zeit, sich zu entfalten, bevor der Winter seinen eisigen Mantel über alles Leben breitet und nutzt dementsprechend jede Minute. Es grünt und blüht auf eine noch nie erlebte Art und Weise – als gelte es, die verlorenen Monate aufzuholen.

Zelte werden nur noch zu Festen aufgebaut – das Versammlungshaus im Dorf unserer Indianerfreunde.

Natur im Überschuss – Preiselbeeren zum Nachtisch

Sonnenaufgang – Morgens um halb drei am Alaska Highway

Der Columbia Gletscher kalbt über 100000 Tonnen Eis. Täglich. Unter der Wasseroberfläche ist er noch 600 Meter dick. Auf dem Foto ist quasi nur der Staub seiner Eisbergproduktion zu sehen.

Unter Bären

Alaska. Der Name war für mich immer das Synonym für Abenteuer. War Jack London, war ganz kalt und ganz weit weg. Jetzt, Ende Juni, herrschen knapp 30 Grad Celsius und wir müssen von Kanadas Yukon Territorium nur ein Paar Kilometer gen Westen fahren und sind da. Wir haben bei der Ankunft nicht unbedingt mit einer Tapferkeitsmedaille gerechnet. Aber dass wir unser Abenteuer mit Campingmobilen in Linienbusgröße teilen müssen, ist schon ein kleiner Schock. Der Süden der USA hat Alaska entdeckt und bringt gleich seine Wohnzimmer mit.

Die Motorräder sind unsere Rettung. Mit ihnen gelangen wir auf Schotterpisten, vor denen die rollenden Einfamilienhäuser kapitulieren müssen. Ein Gebiet, fünfmal so groß wie Deutschland, muss einfach Fluchtpunkte bieten. Am Ende einer 100 Kilometer langen Sackgasse durch tiefste Wildnis finden wir Alaska: Zwei staubige Dorfstraßen, ein Saloon, ein Hotel und 20 mehr oder weniger eingefallene Häuser – das ist McCarthy. Der Blick die „Hauptstraße" entlang auf gletscherbedeckte Sechstausender ist einzigartig, die Geschichte noch besser.

Für die Existenz von McCarthy ist die Sünde verantwortlich. Ein paar Kilometer gletscheraufwärts lag einst die größte Kupfermine der Welt. Hier und in den dazugehörigen Arbeiterbehausungen herrschte in den dreißiger Jahren ein strenges Regime. So wurde jeden Tag zu Arbeitsbeginn eine Hymne gespielt und was wohl noch schlimmer war – es herrschte striktes Alkoholverbot!

Wer wollte es den Minenarbeitern verdenken, wenn sie nach einer Woche im dunklen, gefrorenen Berg nach körperlicher und geistiger Abwechslung suchten? McCarthy bot alles. Am Flussufer lag das Bordellviertel. Offiziellen Überlieferungen zufolge waren die Prostituierten angesehene Mitglieder der Gesellschaft. Sie trugen Namen wie Snake Charmer (Charmante Schlange) oder Tramway Queen (Straßenbahnkönigin). Die Dame, die sich The Beeftrust (Der Fleischberg), nannte, war etwas schwereren Kalibers. Sie wog, so die Legende, über 300 Pfund.

Der Reiz des Verbotenen führte dazu, dass in fast jedem Haus illegal Schnaps gebrannt wurde, weswegen man ein verlässliches Frühwarnsystem eingerichtet hatte. Die einzige Verbindung zur Außenwelt war der Zug, welcher das Kupfererz abtransportierte. Immer, wenn ein neugieriger Regierungsbeamter an Bord war, warnte der Lokführer den Ort von weitem mit einem speziellen Pfeifton vor dem drohenden Unheil.

Vom rauen Charme blieb reichlich erhalten. „Mit Verlaub, du bist ein verdammter Idiot!“, meint Neil, der Eigentümer des Ma Johnson's Hotels, zu mir. Kurz vorher hatte er uns in seine Luxusherberge, die wir uns nie hätten leisten können, eingeladen. Und dabei habe ich ihm nur ein Lob für sein eiskaltes Wasser ausgesprochen. Erst schaute er mich erschrocken an. Vielleicht war ja mit seiner Heizung etwas nicht in Ordnung? „Nein, ich habe mit Absicht kalt geduscht. Der Wechsel vom Buschleben in die Zivilisation wäre sonst zu abrupt gewesen.“ „Natürlich ist es kalt, es kommt direkt vom Gletscher.“

Nach einem derartigen Willkommen, muss man das Geschichte atmende alte Holzhaus einfach mögen. Schon beim Betreten des Hotelfoyers fühlen wir uns in eine andere Zeit zurückversetzt. Weinrote Samtvorhänge, Holzdielen, Kronleuchter. Jede Treppenstufe knarrt in einem anderen Ton. So, wie sie das wohl seit 80 Jahren tut.

Doch nichts ist wie es scheint, auch diese Idylle nicht. Die Winternächte hier oben im Norden können lang und vor allem einsam sein. Am 21. Dezember wird es nur knappe vier Stunden hell. Wenn dann im Frühling die Sonne zurückkehrt, versetzt das manchen Menschen einen so großen Schock, dass sie durchdrehen. Hüttenfieber nennt sich diese Seelenkrankheit. Vor einigen Jahren klopfte oben in Kennecott ein Mann an die Türen seiner Nachbarn und erschoss all diejenigen, die das Pech hatten, zu Hause zu sein. Innerhalb eines Morgens war das Dorf um die Hälfte seiner Einwohner reduziert. Erst vor drei Wochen, so erfahren wir, erschoss sich ein junger Mann vor dem Saloon, in dem wir gerade sitzen. Das Leben hier oben im Norden beschreitet andere, für den Außenstehenden oft schwer nachvollziehbare Wege.

Soeben habe ich mich strafbar gemacht. Das heißt: Eigentlich habe ich mir nur im Saloon ein Bier geholt und bin damit über die Straße gelaufen, um es auf der Veranda des Hotels zu trinken. „Streng verboten!“, wie mir Neil, der Besitzer beider Etablissements, versichert. Ich grinse ihn ungläubig an und denke, dass er wieder einen seiner Witze reißt. Doch er meint es ernst und erklärt mir den Gesetzestext in voller Breite. Ich will es kurz machen: Ich darf nicht mit einem geöffneten Bier über die Lehmstraße laufen, auch nicht am Ende der Welt, in McCarthy, wo der nächste Polizeiposten eine Tagesreise entfernt ist. Ich dürfte mir aber eine ganze Flasche Schnaps, solange sie verschlossen ist, im Saloon kaufen, sie über die Straße tragen und drüben auf dem Balkon des Hotels öffnen und in einem Zug leer trinken. Das wäre kein Problem, zumindest laut Gesetz. Wir befinden uns momentan zwar ganz weit weg vom Rest der Welt, aber eben immer noch in den USA. Doch wer soll ein Land mit solchen Gesetzen noch ernstnehmen? So zwingt mich Neil, ein zweites Mal zum Verbrecher zu werden und lässt mich das Corpus Delicti zurück über die Straße tragen, damit ich es ruhigen Gewissens an der richtigen Stelle trinken kann. Das Gefängnis bleibt mir für heute gerade noch erspart.

Wir sind von dieser Gegend, in der neun der sechzehn Sechstausender Nordamerikas stehen, begeistert. Gary, der Pilot des Buschflugzeuges im Ort, macht uns deshalb einen ganz speziellen Vorschlag. Er will uns mitten in den Bergen absetzen und eine Woche später wieder abholen. Wir kön-

Die Hauptstraße und der Unglückssaloon von Mc Carthy

nen nicht „nein“ sagen, ahnen aber bereits, dass wir uns da auf ein Abenteuer einlassen. Der Tragweite des Ganzen werden wir uns erst bewusst, als unsere Augen der Propellermaschine folgen, bis sie als kleiner schwarzer Punkt am Horizont verschwindet. Das Motorengeräusch verebbt. Das letzte Bindeglied zur Zivilisation ist durchtrennt. Schlagartig setzt die profane und doch ein wenig erschreckende Erkenntnis ein: Wir sind ganz allein mitten in der Wildnis Alaskas. Sonst gab es wenigstens immer die Motorräder als psychologischen Rettungsanker.

Gekonnt lenkt die Natur die ängstlichen Gedanken ab. Schroffe Bergketten türmen sich zu beiden Seiten des Hochtales. Die Wasserarme des Skolai Flusses glitzern im Gegenlicht wie Fäden aus purem Silber. In der Ferne ragt eine grell-weiße Gletscherwand aus einem See. Dies ist nur einer der 150 Eispanzer dieses Gebirges. Ein paar davon wälzen sich mehr als hundert Kilometer die Täler entlang. Dazwischen liegen wilde Bergbäche, Moränen, karge Hochebenen. Die Weite, das Gigantische der Bergwelt ist schwer fassbar.

Auf dem Gletscher kann ein falscher Tritt sehr kalt und sehr nass enden.

Der Plan ist einfach: Auf Bären- und Ziegenpfaden wollen wir mittels Karte und Kompass durch die Berge zu einem Fluss namens „Doubtful Creek“. Gary versprach, uns dort in einer Woche abzuholen. Noch wissen wir nicht, dass der „Zweifelhafte Bach“ seinem Namen noch alle Ehre machen wird.

Die Hälfte der Strecke liegt hinter uns. Wir sind kaputt, haben die Anstrengungen der weglosen Wildnis unterschätzt. Entkräftet stellen wir unser Zelt neben einem kleinen Wasserfall auf, kochen eine Beutelsuppe und fallen müde in die Schlafsäcke. Mitten in der Nacht wecken uns Blitz und Donner. Das Unwetter hat Ausdauer. Die sintflutartigen Regenfälle wollen auch den ganzen nächsten Tag nicht enden und fesseln uns ans Zelt. Die Stimmung sinkt stündlich. Als wir abends zum Reißverschluss hinausspähen, ist der Bach nebenan zu einem schlammigen Fluss angeschwollen. Die umliegenden Hänge sind weiß bepudert. Uns beschleicht eine dunkle Vorahnung.

„Viel schlimmer kann es nicht kommen!“, reden wir uns ein. Und täuschen uns gründlich! Es wird bitter kalt. Aus dem Regen wird Schnee. Die Überwindung, morgens aus den wohlig warmen Schlafsäcken in die zu Eisklumpen gefrorenen Wanderschuhe zu steigen, ist groß. Die Schnürsenkel sind so steif, dass sie sich nicht binden lassen. Doch wir müssen weiter, wollen wir das Ziel rechtzeitig erreichen. Die Orientierung gestaltet sich im dichten Nebel schwierig. Der Kompass zeigt SWW an. Mit

Die Kulisse der Sechstausender entschädigt für den eisgekühlten Campingplatz.

Der Farmer ist um unser Wohlergehen besorgt und bietet uns diesen bärensicheren Schlafplatz im ersten Stock an. Im Sommer kann es in Alaska über 30 Grad warm werden. Das Zelt ist zum Schutz vor Moskitos aufgebaut.

Die Lachsfangmaschine: Die Strömung (im Bild von links nach rechts) treibt das Wasserrad an. Die flussaufwärts ziehenden Lachse werden von den Körben aus dem Wasser gehoben, und rutschen seitlich in einen Kasten. Ausbeute: ca. 100 Stück am Tag.

jedem Höhenmeter wächst die Schneedecke, binnen einer Stunde reicht sie uns bis an die Knie.

Als wir eine morastige Ebene überqueren, zieht es unsere Füße in tiefe, glucksende Moorlöcher hinab. Mehrmals versinken wir im Schnee oder rutschen auf der darunter liegenden, überfrorenen Felsplatte aus. Kaum zu glauben, dass es Mitte Juli ist! Die Farben Weiß, Schwarz und Grau dominieren die Schneewüste am Fuße einer Gletscherwand. Kleine Lawinen krachen mit ohrenbetäubendem Lärm von den Felsen über uns und reißen Gesteinsbrocken mit in die Tiefe. Obwohl wir glauben, uns in sicherer Entfernung zu bewegen, wirkt das Ganze gespenstisch nah! Schweißgebadet erreichen wir einen Kamm. Vor uns tut sich ein tiefer Abgrund auf. Ein paar tausend Meter unter uns, irgendwo im Nebel, müsste ein Bach namens Doubtful Creek liegen. Anderthalb Tage Galgenfrist bleiben uns. Da wir mehr oder weniger orientierungslos sind, ist es am vernünftigsten, an Ort und Stelle unser Zelt aufzuschlagen: Auf einem Schneefeld am Rande einer tiefen Schlucht.

Am nächsten Morgen frieren unsere Finger beim Zusammenpacken an den Zeltstangen fest. Was machen wir hier bloß. Als es etwas aufklart, stellen wir erstaunt fest, dass wir die Nacht auf einem ausgewachsenen Gletscher verbracht haben.

Gute tausend Höhenmeter tiefer im trichterförmigen Talkessel ist es gleich zehn Grad wärmer. Der Schnee ist verschwunden. Die schwierige Orientierung im Nebel lässt uns eine Schlucht weiter nördlich als geplant enden. Wenn wir dem Lauf des Flusses folgen, müssten wir trotzdem am Treffpunkt herauskommen. Das hoffen wir zumindest. Doch der Canyon wird so eng, dass sich nur noch der reißende Fluss hindurchquetschen kann und für uns kein Platz mehr bleibt. Wir müssen wieder nach oben klettern. Nach drei Stunden stehen wir erschöpft auf einem Felsvorsprung. Vor uns weitet sich das Tal und gibt den Blick auf bewaldete Hügel frei. In der Ferne leuchten Eisberge in einem braunen See. Dahinter schimmert eine schneebedeckte Bergkette. Der Nizina Gletscher, der Endpunkt unserer Wanderung, liegt bereits sichtbar nur noch ein paar Kilometer entfernt. Luftlinie.

Dass wir erst noch einen halsbrecherischen Abstieg über ein extrem steiles Geröllfeld wagen und stundenlang durch dichtes Weidengebüsch am Grunde der Schlucht kriechen müssen, wissen wir zu diesem Zeitpunkt noch nicht. Irgendwann erreichen wir völlig kaputt aber tatsächlich rechtzeitig den rettenden Fluss. Doch der rettet nicht. Einen Tag warten wir vergebens auf das Flugzeug und harren in zermürbender Ungewissheit bei Regen im Zelt aus. Die Essensvorräte sind längst aufgebraucht. Sind wir am falschen Ort? Oder zu spät? Sollte uns Gary vergessen haben?

Den Gedanken an eine Rückkehr zu Fuß verwerfen wir gleich wieder. Die Hochwasser führenden Flüsse haben uns den Weg abgeschnitten. Keine Chance.

Irgendwann in der mutlosen Lethargie des nächsten Morgens dringt ein Geräusch durch die Zeltwand. Noch nie habe ich mich so über das Brummen eines Motors gefreut. Der Retter entschuldigt sich kurz und schmerzlos, dass er wegen des Unwetters ein paar Tage nicht starten konnte.

„Halt! Weiterfahrt nur mit Genehmigung!“ steht groß auf dem Schild. Wir wollten eigentlich nur einen Platz zum Übernachten suchen und waren deshalb auf diese einsame, vielversprechend aussehende Nebenstraße abgebogen. Aber vielleicht sieht man das hier nicht gern? Dies ist Indianergebiet. Hier gelten andere Regeln als im Rest Alaskas. Gerade wollen wir resigniert umdrehen, da kommt eine Frau aus der Tür eines Holzhauses.

Das Camp in den Wrangell Mountains kurz vor dem großen Unwetter

Schnell frage ich sie nach einer Campingmöglichkeit: „Ja, ihr könnt euer Zelt eine Meile weiter unten am See aufschlagen. Aber es gibt da Bären, weil die Lachse jetzt laichen. Falls euch jemand fragt, sagt einfach, die Dorfälteste hätte es erlaubt. Mein Name ist Nora."

Ich nehme Noras Warnung zwar ernst, denke aber gleichzeitig ein wenig überheblich: „So schlimm kann es nicht werden! In ganz Nordamerika gibt es Bären. Warum sollen wir uns hier erschrecken lassen?"

Nach zwei Kilometern durch lichten Wald kommen wir an und begreifen, welches Privileg uns zuteil wurde. Dieser Platz muss einer der schönsten im ganzen Norden sein. Ein glasklarer Fluss mündet in einen silbern funkelnden See. Im Wasser schwimmen tausende feuerrote Lachse. Kein Reiseführer hätte uns an diesen Ort geführt.

Als ob er die Winnetou-Kulisse perfekt machen wollte, kommt ein Indianer in seinem Kanu über den See gepaddelt und stellt sich mit dem – wieder mal „typisch indianischen" – Namen Robert vor. „Hier, nehmt das Boot, wenn ihr angeln wollt." „Hast Du nach Lachsen geangelt?", frage ich ihn. „Nein, die Lachse schmecken nicht mehr, wenn sie beim Laichen sind. Sie sterben dann bald. Aber es gibt im See viele Äschen und Forellen." Ich atme auf. Solch ein Lachs hätte unsere kleine Angel bestimmt in Stücke gerissen. „Hast Du einen Bären hier in der Nähe gesehen?" „Nein, heute noch nicht. Die sind meist einen Kilometer weiter flussaufwärts, wo es einfacher ist, die Lachse aus dem Wasser zu fischen." Das klingt uns sicher genug. So stellen wir das Zelt strategisch möglichst günstig am Rande des Pfades auf. Falls doch ein Bär vorbei kommen sollte, stehen wir dann wenigstens nicht genau im Weg. Eine weise Entscheidung, wie sich zeigen sollte.

Ramonas Vorahnung lässt sie mitten in der Nacht wach werden. Ein Bär kommt normalerweise auf ganz leisen Sohlen daher, eigentlich unglaublich für ein so schweres Tier. Doch sie hört ein Planschen im Wasser, das ganz anders klingt, als das ständige Springen der Lachse. Lautlos schlüpft sie aus dem Zelt und schleicht im Halbdunkel ein paar Schritte zum Fluss. Tatsächlich! Ein Grizzly! Triefend nass verlässt das durch seinen markanten Genickhöcker vom harmlosen Schwarzbären zu unterscheidende Raubtier das Wasser – nicht mehr, als zwanzig Schritte vom Zelt entfernt. Aufgeregt krabbelt Ramona zurück ins Zelt. Gespannt beraten wir im Flüsterton. An Schlaf ist jetzt nicht mehr zu denken. Unsere Tasche mit den Essensvorräten steht zum Glück etwas abseits. Sie wäre eine willkommene Beute, falls Meister Petz Witterung aufnimmt. Um sie in die kleinen Bäume zu hängen, war sie zu schwer. Gedanken an einen Zeitungsartikel, der in ganz Nordamerika die Runde machte, schießen uns durch den Kopf. Ein älteres Ehepaar wurde von einem Grizzly nachts im Zelt überfallen und aufgefressen. Die Chance, Opfer eines solchen Albtraumes zu werden, ist allerdings weniger wahrscheinlich als ein Lottogewinn. Das ist die Statistik. Während wir hinter einer sehr dünnen Stoffwand sitzen, gewinnt die Angst. Nach kurzer Beratung im Flüsterton beschließen wir umzuziehen, sobald die Luft rein ist, zollen dem Grizzly den nötigen Respekt.

Zum Ende des Sommers werden die Tage sehr schnell kälter und kürzer. Dann zeigen sich die ersten Nordlichter. Dieses schwer mit Worten zu beschreibende Schauspiel kündigt den nahenden Winter an. Zeit, gen Süden zu fliehen. In der Mitte des Fotos ist der Große Bär (das Sternzeichen) zu sehen.

Die Stille und das Dämmerlicht des nordischen Sommers wirken mit einem Mal unheimlich. Als außer den Luftsprüngen der Lachse und dem Rauschen des Flusses nichts mehr zu hören ist, packen wir wortlos unsere paar Habseligkeiten zusammen.

Mit etwas Abstand kann und muss ich über die nächtliche Flucht schmunzeln. Erst dann wird mir auch bewusst, was mich an diesem Landstrich so anzieht – der Hauch des Wilden, des Abenteuers. Jack London lässt grüßen.

Einsamkeit auf dem Dempster Highway in der Tundra nördlich des Polarkreises – nach knapp 600 km taucht das erste Eskimodorf auf.

Kurz vor Nordpol

Zurück nach Kanada: Bevor wir wegen des nahenden Winters endgültig die Flucht gen Süden antreten, lockt uns eine ganz besondere Straße zum Polarmeer, der Dempster Highway.

Sergeant William John Duncan Dempster war Polizist. Nicht irgendein Polizist, nein, er diente bei der Royal Northwest Mounted Police. Die königliche, nordwestliche und berittene Polizei sorgt seit hundert Jahren für Recht und Ordnung im äußersten Norden Kanadas, sofern diese durch die paar dort lebenden Eskimos und Fallensteller gestört wird. Der beeindruckende Titel ist Makulatur – zumindest zum Teil. Pferde sind in diesem Winkel der Welt, wenn überhaupt, dann nur während des kurzen Sommers zu gebrauchen. So begab sich der Sergeant meist mit dem Hundeschlitten auf Streife. Seine Tour führte ihn von Dawson City nach Fort McPherson, eine mehr als tausend Kilometer lange Odyssee durch Schnee und Eis. Er legte die Strecke in etwa sechs Wochen zurück, was für sich genommen eine unglaubliche Leistung darstellt.

Richtig berühmt wurde Dempster im Jahre 1910. Er suchte und fand seine verschollenen Polizeikumpels, allerdings tiefgefroren. Die vier hatten sich ohne indianischen Führer verlaufen und waren dem kanadischen Winter bei minus 55 Grad zum Opfer gefallen.

Zu Ehren des mutigen Pioniers wurde der Dempster Highway nach ihm benannt. Verglichen mit den Entbehrungen früherer Tage ist die 736 Kilometer lange Fahrt von Dawson City bis nach Inuvik heute fast ein Kinderspiel. Zumindest im Sommer. Die unberührte Natur, die Einsamkeit und grenzenlose Weite sowie der geschotterte Weg ins Ungewisse lassen trotzdem einen Hauch von Abenteuer aufkommen.

Km 0: Ein letztes Mal werden Tanks und Mägen am Rasthaus zu Beginn des Highways gefüllt. Dann überqueren wir den berühmten Klondike River. Das meiste Gold ist wohl herausgeholt. Dafür sieht man um diese Jahreszeit Lachse den klaren Fluss hinaufziehen.

Km 1,5: Noch ist Zeit zum Umkehren. Ein Schild sagt den ganz Naiven, dass es für die nächsten 370 Kilometer keinen Sprit gibt, und auch keinen Mc Donalds, außer Blau-, Preisel- und Grizzlybären eigentlich gar nichts zu essen. Das sagt das Schild natürlich nicht. Es wäre sonst zu groß geraten. Ein paar Meter weiter: Für ein weiteres Schild hat es noch gereicht: NO MEDICAL SERVICES. Also nach Möglichkeit bitte keinen Unfall bauen, da unterwegs auch kein Krankenhaus steht.

Km 5: Der Asphalt endet, die Wildnis beginnt. Ich überlege, warum man die ersten 5 Kilometer asphaltiert hat. Einen wirklichen Grund scheint es hierfür nicht zu geben. Vielleicht wollte man die ganze Strecke versiegeln, hat aber wegen der noch ausstehenden 731 Kilometer über Dauerfrostboden schnell aufgegeben. Vielleicht sollen die ersten Kilometer wie ein Mahnmal wirken? Nach dem Motto: Schaut, so langweilig könnte es auf der folgenden Strecke auch zugehen.

Km 74: Euphorie macht sich breit, als wir den ersten Pass hochfahren. Nur ein paar Meter Höhenunterschied und schon hält es kein einziger Baum mehr aus. Wir sind in der Tundra, ein eher nüchterner Begriff für eine einzigartige Landschaft in Rot, Gelb und Grün getaucht, als hätte ein Künstler seinen Malkasten ausgekippt. Es ist Ende August und der Sommer bäumt sich noch einmal kurz auf, haucht mit diesem Farbenstakkato sein Leben aus.

Privileg des hohen Nordens: Auf Grund der Nähe zum Nordpol geht für 42 Tage am Stück in dem Indianerdorf die Sonne nicht unter.

Km 93: Die umliegenden Berge verstecken sich in Wolken. Leichtes Schneetreiben lässt uns das Schlimmste für die nächsten Tage befürchten. Was machen wir hier eigentlich? Reizen wir das Glück zu stark aus?

Km 102: Two Moose Lake ist eher Betrug. Von zwei Elchen keine Spur. Nur zwei Enten schwimmen im See herum. Die Sonne kommt wieder heraus, taucht die Landschaft in wunderbares Licht und schon wissen wir ganz genau, warum wir hier sind.

Km 169: Dafür ist der Red Creek wirklich rot. Und stinken tut es! Das Wasser sieht eher giftig aus, auch wenn es „reine" Natur ist. Ein schwefelhaltiges Gemisch quillt hier aus der Erde und fließt in den Engineer Creek.

Sonnenaufgang bei minus 5 Grad. Die niedrigen Temperaturen lassen den Indian Summer aufleben.

Vabanquespiel: Anfang September leuchtet die Tundra in diesen unglaublichen Farben. Es könnte aber auch jederzeit beginnen zu schneien.

Km194: Engineer Creek Campingplatz. Der Ingenieur hat bestimmt nie hier gecampt oder er hat den Platz im Winter angelegt. Es wimmelt von Moskitos. Wir trinken jetzt von dem Wasser, das wir vorher wegen der roten Farbe als giftig angesehen haben, nur weil ein paar Buchstaben auf einem Schild besagen, dass es trinkbar sei. So ist der zivilisierte Mensch, glaubt einem Plastikschild mehr als Augen und Nase. Campen fällt hier aus. Mit den blutsaugenden Sechsfüßern wollen wir nichts zu tun haben.

Km 195: Ein dem Wind ausgesetzter und damit moskitofreier Platz am Fluss lädt zum Verweilen ein. Genug für heute! Der einsame Dempster hat seine beruhigende Wirkung nicht verfehlt, hat uns langsamer gemacht.

Immer noch Kilometer 195, morgens um drei: Etwas Schweres läuft draußen über den Schotter und planscht dann durch den Fluss. Wir halten den Atem an. Doch Bären machen normalerweise keinen Krach. Bevor wir aus dem Zelt schauen, ist das Tier wieder verschwunden. Auch gut.

Km 390: Halteverbot in der Wildnis! Der Grund: Die Straße wird hier zuweilen als Landebahn für kleine Buschflugzeuge genutzt.

Km 405: 66 Grad und 33 Minuten nördlicher Breite. Ein Schild sagt uns, dass wir gerade den Polarkreis überqueren. Hier und nördlich davon geht die Sonne am 21. Juni nicht unter.

Km 447: Picknick am von gelben Pappeln gesäumten Rock River Campingplatz. Außer uns pausiert noch eine Familie der Gwich'in Indianer. Sie teilen das Frühstück mit uns. Getrockneter Fisch und frische Ananas wandern auf unsere Blechteller. Ananas nördlich des Polarkreises – unfassbar! Selbst bis hierher konnten die Früchte vordringen, aber hinter Honeckers eisernen Vorhang haben sie es bis zuletzt nicht geschafft.

Km 465: Wir erreichen die Grenze zu einer anderen Provinz, den North West Territories. Es sieht auch absolut nach Nordwest aus: Kein Baum wächst in diesem ungemütlichen, von Schnee und Wind gegängelten Landstrich hier oben auf dem Pass, was der Gegend eine herbe, unvergleichliche Schönheit verleiht. Von nun an geht es nur noch bergab, topographisch gesehen.

Km 498: Ein Mitarbeiter des Straßeninstandhaltungsunternehmens warnt uns, dass die Strecke ab jetzt richtig rutschig würde. Das war sie zwar die letzten 200 Kilometer auch schon, aber trotzdem nett, dass er uns das jetzt sozusagen offiziell bestätigt.

Km 539: Unten angekommen. Hier, in der Sumpf- und Seenlandschaft der Arktis, wachsen sogar wieder Bäume, auch wenn sie nicht höher als vier Meter werden. Eine Fähre bringt uns über den etwa 100 Meter breiten Peel River. Am Ufer holt ein Indianer sein Netz ein. Interessiert schauen wir zu. Mehrere stattliche Fische wandern ins Boot, einer in unseren Tankrucksack – das Abendbrot. Teilen ist hier nichts Besonderes, eher eine Selbstverständlichkeit. Walter, auch dieser Fischer hört auf einen typisch indianischen Namen, nimmt uns mit zum Haus, wo seine Frau den Fang mit erstaunlicher Akribie und auf eine ganz andere Art und

Getrockneter Fisch ist die proteinreiche Winterverpflegung.

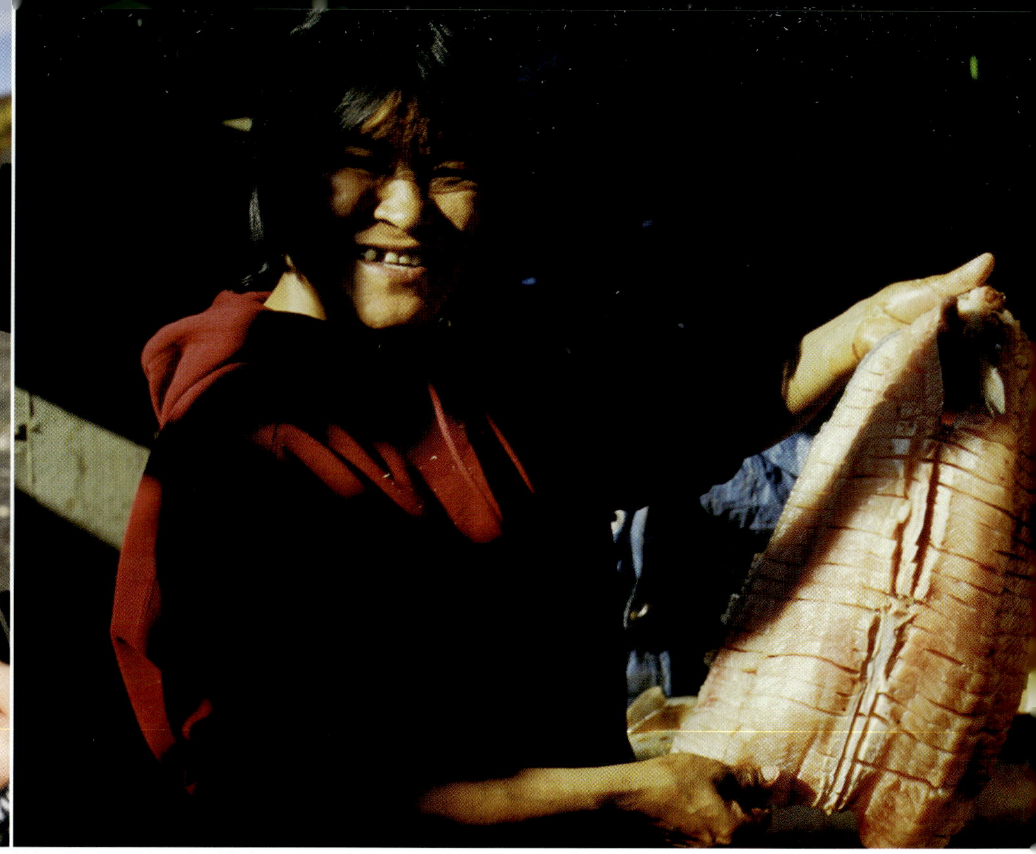

Wir staunen über die Akribie, mit welcher der Fisch vor dem Räuchern filetiert wird, damit das Endprodukt (links abgebildet) herauskommt.

Weise als die Indianer weiter südlich filetiert. Das Fleisch wird in exaktem Karomuster eingeschnitten und in die Räucherhütte gehängt. Proviant für den Winter. Der Hausherr zeigt uns voller Stolz das zum Trocknen aufgehängte Fell eines Schwarzbären, den er vor ein paar Tagen mit einer Schlinge hinter der Hütte gefangen hat. Lederstrumpf lässt grüßen.

Km 550: Fort Mc Pherson – die erste Ortschaft nach fast 600 Kilometern und die scheint auch noch komplett betrunken zu sein. Gut – es ist Sonntagabend, halb zehn. Die Sonne scheint. Erst heißen uns zwei wunderbar beschwipste ältere Damen willkommen. Dann wecken wir das Interesse von vier Jugendlichen mit verdrehten Augen, deren gläserner Blick wohl nicht nur vom Alkoholgenuss herrührt. Jeder ist sehr freundlich. Wir dürfen sogar im Gemeindezentrum heiß duschen!

Km 594: Frog Creek: Ein kleiner See und ein Bach bieten einen wunderbare Kulisse zum Campen. Wir bereiten den Fisch wie empfohlen zu: mit frischen Preiselbeeren. Nachts um zwölf, Jack Londons Seewolf liegt gerade im Sterben, schimmert etwas Helles durch die Zeltwand. Das Buch hat für heute ausgedient. Stattdessen sehen wir dem sich ständig verfärbenden Himmel zu. Ein großartig inszenierter Zauber der Natur umgibt uns: Nordlichter.

Nachts um zwei: Ich wache frierend auf und muss mich tiefer im Schlafsack verkriechen. Das Thermometer zeigt minus drei Grad Celsius an. Und zwar im Zelt.

Am Morgen erwachen wir unter einem stahlblauen, wolkenlosen Himmelszelt. Die Straße ist gut. Bis zum Ende nach Inuvik sind es noch 140 Kilometer. Kein Problem, in drei Stunden wären wir da. Und was mache ich: Mir kommt der Gedanke, umzukehren! Auf der Stelle. Warum? Die atemberaubende Landschaft oben in den Bergen hat mich irgendwie verhext. Hier unten im Flachland ist es nicht hässlich, keineswegs. Tiefschwarze Seen, eingerahmt von gelb gefärbten Birken, dazwischen schier unendlich weite Tannenwälder. Doch der Zauber der Tundra liegt weiter oben. Vielleicht spielt auch die Angst vor einem Wintereinbruch unterschwellig mit. Jeder Tag zählt.

Natürlich hege ich selbst ein paar Zweifel an meinen seltsamen Gedankensprüngen. Schließlich sind wir nicht weniger als 600 Kilometer gefahren, um nach Inuvik zu gelangen. Der Name spukte die ganze Zeit als Ziel in meinem Kopf. Und so kurz davor umkehren?

Doch was ist das Ziel? Der Weg? Wie bereits vorher, wenn ich mir die Entscheidung selbst nicht zutraue, schiebe ich die Verantwortung von mir und überlasse sie einer Münze. Der Kopf (immerhin Königin Victoria die Zweite) ist Inuvik. Die Zahl, ein Elch mit Riesengeweih, bedeutet Berge. Das Silber fliegt durch die Luft, und – Victoria landet auf der Nase. Auf in die Berge!

Genau wie der Herbst ziehen wir eilig gen Süden. Die Fahrt kommt mir wie eine Flucht vor dem Winter vor. Die gewaltige Entfernung gibt uns trotzdem mehrere Wochen Zeit, um in einem Rausch von Farben von einem intensiv erlebten Sommer hoch oben im Norden Abschied zu nehmen.

Dies ist kein Nachwuchs für den Straßenbau, sondern Kinder in ihrer Kindergartenuniform. In Japan ist alles geregelt. Auch die Kleiderordnung für Fünfjährige.

Sitzbanktiefe Flüsse oder blaubeerfressende Grizzlies haben ihre furchteinflößende Wirkung mittlerweile mehr oder weniger stark eingebüßt. Doch vor einem habe ich nach wie vor Schiss: Großstadtverkehr. Und jetzt soll ich in Tokio ankommen, das nicht unbedingt wegen seiner ländlichen Idylle bekannt ist. Die Angaben über die Einwohnerzahl von Tokio schwanken zwischen 13 und 30 Millionen. Ist wohl irgendwie egal, da beides schockierend viel ist. Und die Stadt enttäuscht nicht. Weil sich mein Motorrad noch in den Klauen des amerikanischen Zolls befin-

Neue Zeitrechnung

Ein halbes Jahr Zwangspause ist vorüber. Meine ausgeleierte Bandscheibe ist operiert, verschiedene Wunden sind vernarbt. Für eine geraume Weile war ungewiss, ob es diese Etappe der Reise überhaupt noch geben wird. In den letzten Monaten ist viel passiert. Den gewohnten Reisestil gemeinsam mit Ramona gibt es nicht mehr – vielleicht die logische Konsequenz nach fünf gemeinsamen Jahren auf vier Quadratmetern Zelt. Zu lange hatten wir die Tour über unsere kleinen, am Ende auch größeren Meinungsverschiedenheiten gestellt. Doch das Leben geht weiter. Die Reise auch. Solo. Nur wird es diesmal, im Gegensatz zu vorher, einem Ziel entgegengehen. Seit meinem unfreiwilligen Bandscheibenreparaturaufenthalt wartet in Deutschland jemand auf mich. Sie war selbstlos und schlau genug, mich ziehen zu lassen. Auch wenn es eine der schwersten Entscheidungen der Reise war. Ich musste noch einmal los. Mein Lebenstraum war mir zu wichtig, um ihn abrupt aufhören zu lassen. Nun bin ich unterwegs, um das letzte Kapitel zu schreiben. Hatte ich mich bisher immer irgendwie davor gefürchtet, wie es auf den letzten Kilometern sein wird, so freue ich mich nun auf zu Hause. Die Tour hat wieder eine überraschende Wende genommen, nur eine von vielen.

det, muss ich die erste Prüfung bestehen: öffentlicher Nahverkehr. Am Flughafen ist man ja noch auf ahnungslose Nichtjapaner eingerichtet. Es wird Englisch gesprochen und ich kann bei einem „richtigen" Menschen den ersten Fahrschein ins Zentrum kaufen.

Doch die Idylle täuscht. Nach eineinhalb Stunden S-Bahn-Fahrt vom Flughafen in die Metropole beginnt das weniger weichgespülte Leben. Sollte man wider Erwarten herausgefunden haben, welche der vielen bunten U-, S- oder Privatbahnlinien zu nehmen ist, lauert die nächste Schwierigkeit: Fahrkartenkauf am japanischen Automaten. Mit japanischer Anleitung. Mein Gewissen und ich haben uns nach ein paar Fehlversuchen darauf geeinigt, dass ich ab jetzt immer das billigste Ticket nehme, egal wie weit ich fahre. Durch die automatische Schranke am Ausgang quetsche ich mich dann zusammen mit einem Einheimischen, der natürlich die richtige Fahrkarte hat.

Sonnenuntergang am heiligsten und höchsten aller japanischen Berge, dem Mount Fuji.

Bevor ich endlich das nun angekommene Motorrad zurückhaben darf, führt mich einer meiner bürokratischen Wege zum JAF, dem japanischen ADAC. Dort muss ich mir die Echtheit meines Zolldokuments bestätigen lassen, mit dem ich dann die KTM aus dem japanischen Zoll bekommen soll. Zu gut Deutsch: Man versichert mittels eines Dokumentes die Echtheit eines Dokumentes. Nachdem dieser Schwachsinn erledigt ist, weist mich der JAF-Mann mit einem fast zum Grinsen ausartenden Lächeln, von dem ich mangels Erfahrung nicht weiß, ob es nur freundlich oder doch schon schadenfroh sein soll, darauf hin, dass dies noch nicht alles wäre. In Deutschland zugelassene Fahrzeuge dürfen in Japan nicht fahren, weil mein Heimatland 1949 einen Genfer Vertrag zum gegenseitigen Führen von Kfz nicht unterschrieben habe. Ich müsse das Motorrad beim Landwirtschaftsministerium vorstellen, wo es dann mittels einer Art TÜV-Prozedur für Nippons Straßen tauglich gemacht würde. „Dies ist aber eine gewaltige Hürde", fährt er mit dem gleichen Grinsen fort. Wenn das ein Japaner sagt, wo man das Erfinden und Einhalten von bürokratischen Hindernissen noch viel besser zu beherrschen scheint als in Deutschland, dann ist dies sehr ernst zu nehmen. In Japan ist kaum ein Auto älter als fünf Jahre, weil es ab diesem Alter beim peniblen TÜV keine Chance mehr hätte. Es braucht nur ein wenig Sinn für Realität, um zu erkennen, dass die Aussichten für mein reisegeplagtes, 160000 Kilometer altes Motorrad wohl eher schlecht sind. So grinse ich in gleichem Maße zurück und bestätige ihm, seine Ausführungen verstanden zu haben. Wir beide wissen aber in diesem Moment, dass ich das Landwirtschaftsministerium mit meiner Kleinigkeit nicht aufhalten werde und grinsen dabei weiter um die Wette.

Uniform muss nicht immer gleichbedeutend mit hässlich sein.

Auch das ist im Land der Moderne möglich – ein Straßenfeger in Tokio.

Straßenfeger Nummer Zwei

Mit flauem Gefühl fahre ich zum Flughafen. Der Zollbeamte ist mit meinen Zollpapieren und der Bestätigung, dass es auch welche sind, sehr zufrieden, behandelt mich zuvorkommend und nett. Den nötigen Stempel in den Händen befreie ich so schnell es geht meine treue Begleiterin aus ihrer Kiste, schraube Lenker, Koffer und Vorderrad wieder an und atme erst so richtig auf, als sich die Schranke des Flughafens hinter mir schließt.

Um Tokios Zentrum lege ich den Bogen so weit wie möglich, was keine besonders große Kunst ist, da der Flughafen sage und schreibe 80 Kilometer außerhalb der Stadt liegt. Und trotzdem erstaunt es mich, wie schnell ich aus der bunten lauten Glitzerwelt der Metropole in einem so gegensätzlichen Teil des Landes ankomme. Plötzlich bin ich umgeben von Bauern mit Strohhüten, die durch ihre Reisfelder links und rechts der Straße waten und jede Pflanze einzeln setzen, so wie es ihre Vorfahren schon vor 500 Jahren getan haben mögen. An einem kleinen Stausee schlage ich mein Zelt auf. Zu schön ist es hier. Die grüne Wiese lässt mich nach der Hektik der Großstadt erstmals seit meiner Ankunft in Asien entspannen. Ab und zu kommt ein Bauer vorbei und grüßt freundlich. Sonst ist es ganz ruhig. Die Vorfreude auf das Land steigt ins Unermessliche.

Sie wird nicht enttäuscht. Am nächsten Morgen tauchen die ersten Berge wie eine grüne Wand vor mir auf, geben aber beim Näherkommen eine Öffnung frei. Das Tal des Kasuo Flusses wird schnell zu eng für die letzten Reisfelder, die sonst wirklich bis in die letzte Ecke gequetscht werden (der bisherige Höhepunkt war ein Feld als Verkehrsinsel einer Kreuzung). Die Häuser sind hier aus Blech und Holz, wirken einfach und unscheinbar. Dafür verwöhnen die farbenprächtigsten Blumengärten das Auge. Selbst der Wald blüht in Weiß und Rosa.

Wenig später ist die Farbenpracht vorüber. Die Straße windet sich zu einem Bergsee, 1700 Meter über dem Meer. Oben habe ich Verschnaufpause, genau wie der Frühling. Im krassen Gegensatz zu einer Viertelstunde zuvor tragen die Bäume hier noch kein grünes Blätterkleid. Die Berge haben noch Winter.

Die Hauptstraße führt weiter geradeaus, doch die Karte zeigt rechterhand eine Straße der untersten Kategorie, die erkundet werden will. Eine abenteuerliche in den Felsen gemeißelte Piste, sie würde norditalienischen Straßenbauern zur Ehre gereichen, führt mich an einem Vulkan vorbei in ein abgelegenes Bergtal. Mehrere heiße Quellen, die zu Schwimmbädern mit kleinen Hotels umgebaut sind, liegen auf dem Weg. Sie machen deutlich, dass ich mich doch nicht südlich der Alpen befinde, sondern auf einer Insel im Pazifik, wo das heiße Erdinnere ganz nah an die Oberfläche strebt.

Der Entdeckerdrang behält gegenüber den dampfenden Verlockungen die Oberhand und lässt mich noch ein Stück weiter fahren. Prompt werde ich belohnt. In der wildromantischen Landschaft am Talende sprudelt zwischen den schroffen Felsen

Auf Verbrecherjagd – Japan soll eine der niedrigsten Kriminalitätsraten der Welt haben.

Beschauliche Szene am Markttag in einer Kleinstadt. Hektik findet woanders statt.

ebenfalls heißes Wasser aus der Erde. So steht auch hier ein Onsen, das für Japan so typische Bad mit mehreren Becken unterschiedlich temperierten Wassers. Ein Platz fürs Zelt ist schnell gefunden. Anschließend betrete ich das alte Holzgebäude. Ich bin wohl genau so überrascht, wie der fast erschrocken wirkende Angestellte. In einen dunkelbraunen Mantel gehüllt – er könnt direkt aus dem Fundus von „Der Name der Rose" stammen – wacht er über den sehr ursprünglich wirkenden Ort. Die Einrichtung ist in vom hohen Alter fast schwarz gefärbtem Holz gehalten, die Wände bestehen aus weißem Papier. Wenn es nicht so geheimnisvoll ruhig zugehen würde, könnte ich das ganze für ein Szenario an einem Filmset halten. Doch alles ist echt. Dem erstaunten, fast ein wenig ängstlichen Blick meines Gegenüber nach zu urteilen, bin ich einer der ersten Nichtjapaner, der in seine Bergwelt vorgedrungen ist, und dann noch auf so apokalyptische Weise mit einem Motorrad. Er spricht kein Wort Englisch. Mein Anliegen ist mit Händen und Füßen trotzdem einfach zu erläutern. Ohne viele Worte weist er mir den Weg zur heißen Quelle. Die Wohltat des türkis-trüben, schwefelhaltigen Wassers ist mit Worten kaum zu beschreiben. Benommen liege ich im Becken und blicke auf die alpine Bergwelt um mich herum, bis es Nacht wird. Noch Stunden später im Zelt kriecht die wohlige Wärme langsam aus meinen Gliedern, während draußen die Temperatur langsam Richtung Gefrierpunkt sinkt. Ein Beschluss ist gefasst: Ab jetzt wird die Route entsprechend der Onsen gelegt, von denen es mehrere Hundert im Land geben soll.

Der nächste Morgen gestaltet sich so, wie ihn die Nacht und die Höhe von 2000 Metern verheißen haben. Sprich: Er ist saukalt. Die Strecke führt über einen Pass. Links und rechts türmen sich meterhohe Schneewände. Auf den umliegenden Hängen fährt man jetzt, Anfang Mai, noch Ski. Nur wenig später taue ich im Tal zwischen blühenden Kirschbäumen bei 30 Grad wieder auf. Na bitte: Immerhin befinde ich mich auf dem gleichen Breitengrad wie Nordafrika.

„Da baden die Affen in einer heißen Quelle. Willst Du mitkommen?", fragt mich Hiroyuki, ein Japaner, der auch mit dem Motorrad unterwegs ist. So einen Vorschlag kann ich nur annehmen. Trotzdem kann ich ihm und seinem gebrochenen Englisch erst so richtig glauben, als wir wirklich hoch oben im Tal der Affen angelangt sind. Bis zum Bad sind es laut Wegweiser noch zehn Minuten zu Fuß, doch schon

Typisch Japanisch: Eine ungewohnte Mischung aus Hightech (Fototelefon), Tradition (Kimono) und Schönheit.

An der heißen Quelle der Affen – die Öffentlichkeitsarbeit des wilden Männchens vermag die unterschiedlichsten Reaktionen hervorzurufen: Zufriedenheit (bei der hellbraun behaarten Dame), Begeisterung, Entsetzen.

kommen die ersten Tiere die steilen Hänge heruntergepurzelt. Ein Wildbach rauscht durch die Felsen. Gleich daneben sprudelt heißes Wasser aus der Erde in einen Pool. Hier müssen wohl die japanischsten aller Affen zu Hause sein. Nicht nur, dass sie sich um eine heiße Quelle angesiedelt haben und ständig darin baden, was in etwa dem entspricht, wie sich die höher entwickelten Inselbewohner das Paradies vorstellen. Nein, sie benehmen sich auch sonst landestypisch ruhig und angenehm. Im Gegensatz zu ihren Artgenossen auf Gibraltar oder am Kap der Guten Hoffnung reißen sie niemandem das Frühstück aus den Händen oder werfen die Touristenkameras ins Wasser. Die hier sind wohlerzogen.

Dachte ich. Ein kleiner Unterschied zur nächsten Evolutionsstufe macht sich dann doch bemerkbar. Ein Männchen muss sich produzieren – und lässt seinem Sexualtrieb inmitten einer größeren Touristenmenge freien Lauf. Diese schwankt zwischen schlecht versteckter Begeisterung und scheuem Voyeurismus.

Auf die Einladung zu den Affen folgt eine zu Hiroyuki nach Hause. Er bewohnt gemeinsam mit seiner Frau Midori und der einen Monat alten Tochter ein älteres Eigenheim, das noch im typisch japanischen Stil mit papierbespannten Schiebetüren und Fußboden aus Reisstrohmatten eingerichtet ist. Die Wände sind mit pastellfarbenen Malereien verziert - fast zu schön, um echt zu sein. Japaner sind äußerst reinlich und auf Tradition bedacht, eine Mischung, die manche peinliche Falle für Nichteingeweihte parat hält. Vorsichtshalber erhalte ich von Midori einen Schnellkurs in den allgemeinen Hausregeln: Die Straßenschuhe werden am Eingang gegen Latschen getauscht. Diese werden aber nur für ein paar Sekunden getragen: im Gang und in der Küche; auf den Tatami Matten von Wohn- und Schlafzimmer nicht. Am Eingang zum Bad tauscht man die Flurlatschen gegen Toilettenlatschen. Der denkbar schlimmste Vaux Pas – der mir natürlich prompt passiert – ist das Betreten der Wohnung mit den WC-Pantoffeln. Geschlafen wird auf fünf Zentimeter dünnen Futonmatratzen, die tagsüber in einem Schrank verstaut werden. „Möchtest Du denn zum Abendbrot ein paar japanische Spezialitäten versuchen?" Natürlich beantworte ich diese verlockend unschuldige Frage mit „Ja". Und trage die Konsequenzen. Als Vorspeise werden rohe, unausgenommene Minioktopusse serviert. Lässt man die Vorstellung, gerade rohe und vor allem unausgenommene Tintenfischbabys zu essen, beiseite und streicht reichlich Ingwercreme darüber, schmecken sie recht gut. Nur die Augen lassen sich etwas unangenehm zerbeißen. Als nächstes gibt es vergorene, lange braune Fäden ziehende Bohnen – abgesehen von der schlimmen Optik leicht essbar. Die hierauf folgende Speise gilt in Japan als besondere Delikatesse: Walfleisch. Ich überwinde meine moralischen Bedenken und probiere. Unmöglich! Nicht wegen der Moral. Nein, die kann leicht beiseite geschoben werden. Wal schmeckt tranig, fett, schlimm. Die Aufstellung mag vielleicht jetzt übertrieben klingen. Ist sie auch, denn der Rest der Speisen war ein tolles Geschmacksereignis.

Über den Abo Pass will ich die Japanischen Alpen überqueren. Längst hat man einen Tunnel durch den Berg gesprengt. Doch die alte Passstraße führt noch oben drüber. In engen Serpentinen windet sie sich den Hang nach oben, gibt den Blick auf die senkrechte Wand eines Dreitausenders frei. Die Schneewände zu beiden Seiten der Straße werden immer höher. Ich ahne nichts Gutes, zumal unten „so eine Art" Gesperrtschild auch für den Nichtjapaner zu erkennen war. Ich war vorgewarnt und bin dann doch ein wenig erschrocken, als plötzlich nach einer Kurve ein riesiger Schneepflug den Weg versperrt. Er musste offensichtlich vor den weißen Massen kapitulieren. Enttäuscht untersuche ich den weiteren Streckenverlauf. Doch da geht gar nichts. Ich bin noch lange nicht oben und hier ist bereits die ganze Strecke unter zwei Metern Schnee begraben. Spaßeshalber probiere ich die Tür des Schneepfluges: Offen. Sogar der Schlüssel steckt. Hier in dieser Einsamkeit war den Spuren nach zu urteilen seit Tagen niemand. Aber als Japaner lässt man einfach den Schlüssel stecken. Kriminalität scheint in Japan wirklich kein Thema zu sein. So ist selbst ein unverschlossener 200000-Euro-Caterpillar sicher. Aber nur, solange kein Gaijin, kein Nichtjapaner vorbeikommt. Der Teufel muss mich reiten. Aber ich steige ein, drehe den Zündschlüssel. Natürlich springt das Ding auch sofort an. Das Kind im Manne siegt dann endgültig über jede Vernunft. Vielleicht hat sich der Fahrer sogar gefreut, dass er bei seiner Rückkehr fünf Meter Strecke weniger zu räumen hatte.

Aus Prinzip verweigere ich trotzdem den Tunnel und quere den Kamm einfach einen Pass weiter südlich. Dieser Umweg entpuppt sich als landschaftlich höchst reizvoll. Das teilweise einspurige Asphaltband schleicht sich zwischen den Vulkanen Ontake und Norikuradake hindurch und erlaubt dabei abwechselnd grandiose Blicke auf die beiden Brüder. Diese einst feuerspuckenden Berge ziehen mich magisch an. Deshalb ändere ich kurzfristig meinen Plan und lege ein-

Oben: Die heißen Quellen sind manchmal sehr einfach gehalten, speziell in den Bergen. Oft fällt das Interieur auch sehr nobel aus, wie hier in Kinosaki.

Unten: Abendessen bei Hiroyukis Familie

fach noch eine Schleife zu ihrem Oberhaupt, dem 3776 Meter hohen Mount Fuji ein. Ich rede mir ein, dass mein Japanbesuch unvollständig wäre, ohne ihn aus der Nähe gesehen zu haben. Und bekomme Recht. Keiner sieht so vollkommen, so japanisch perfekt aus wie dieser heilige Berg, wenn er einfach so wie frisch hingegossen mal knapp drei Kilometer seine Umgebung überragt.

Über Nebenstraßen durch die Japanischen Alpen und durch wie Flickenteppiche wirkende Täler mit Reisfeldern führt mein Weg zur rauen Nordküste. Hier neigt sich mein Besuch eines ganz besonderen Landes dem Ende entgegen. Sechs Wochen haben ausgereicht, um mich zu einem Japan–Fan zu machen. Heimisch wird man als Europäer hier wohl nie werden. Aber es fällt leicht, sich willkommen zu fühlen. Japaner werden sehr stolz, wenn sie erfahren, dass man ausschließlich hier ist, um ihr Land kennenzulernen. Meistens war ich der einzige Ausländer weit und breit. Oft habe ich mir gewünscht, mehr als ein paar Umgangsworte sagen zu können, um einen etwas tieferen

Geduld ist in Japan eine weit verbreitete Tugend, nicht nur in den U-Bahnen der Großstädte. Stoisch sitzt die Fischersfrau auf ihrem Hocker und zerlegt den Fang. Jedes noch so kleine Stück Fisch wird dabei verwertet.

Die Nordwestküste der Hauptinsel Honshu ist oft sehr stürmisch. Diese Halbinsel schützt das kleine Fischerdorf vor den Brechern des Chinesischen Meeres.

Links: Japanisch ist einfach. Diese Schilder besagen: Achtung Baustelle: Aus einer einspurigen wird eine zweispurige Brücke gemacht. Die Straße ist vom 6.6. bis 31.7. von 8 bis 17 Uhr gesperrt. Alle Passanten müssen vor dem Überqueren kurz still stehen und bekommen einen gelben Helm verpasst – oder zumindest so ähnlich.

Mitte: Im Land der Hochtechnologie schwer vorstellbar: In manchen Gegenden werden die Reispflanzen, so wie seit vielen hundert Jahren, mit der Hand gesetzt.

Rechts: Zuerst werden die kleinen Fische akribisch filetiert, was bei der Größe eine Kunst ist, danach mit einer Honigglasur bestrichen, mit Sesam bestreuselt und zum Trocknen aufgehängt.

Einblick in das Leben und die Kultur zu erhalten. Diese Sprache zu lernen würde allerdings Jahre in Anspruch nehmen. Schade, denn ich hätte viele Fragen gehabt. Das Land regt die Fantasie an, ständig und immer wieder aufs Neue. Obendrein wird man verwöhnt und umschmeichelt. Es wird mir in Zukunft richtig schwer fallen zu tanken, wenn keine drei bildhübschen Mädels auf mich zugerannt kommen, nur, um mir 20 Liter Benzin zu verkaufen. Und die heißen Quellen werde ich vermissen.

Doch auch das in Watte gepackte Leben findet einmal ein Ende. In Toyama wartet bereits die Fähre, die mich in eineinhalb Tagen zurück in eine andere, eine härtere Welt bringen wird: nach Russland.

Die Fähre von Toyama nach Wladiwostok scheint die gesamte Gebrauchtwagenflotte Japans nach Russland zu transportieren.

Raue Töne

Sobald ich im japanischen Hafen von Toyama die Fähre mit dem einfallsreichen Namen „RUS“ betrete, brechen andere Zeiten an. Und das liegt nicht daran, dass hier die Uhren auf sibirische Zeit umgestellt sind. Anders, als im stets freundlich naiven, weichgespülten Japan hat man an Bord sofort das Gefühl, ums „Überleben“ kämpfen zu müssen. Es beginnt damit, dass ich mich selbst darum kümmern muss, zwischen hunderten auf engstem Raum untergebrachten japanischen Gebrauchtwagen überhaupt Platz für die KTM zu schaffen, um sie vertäuen zu können. Die Deckarbeiter taxieren mich dabei mit Blicken, die in etwa aussagen: „Na, mal sehen ob der das ohne uns hinkriegt. Wir haben nämlich jetzt keine Lust.“

Im Schiff durchbohren mich die gekonnt gelangweilten Blicke der Stewardessen so ganz anders, als die verschämt puppenhaft neugierigen Blicke japanischer Damen. Motto: „Na mein Kleiner! Bin ich zu stark, dann bist Du wohl zu schwach.“

Nach dem Abendessen will ich eigentlich geschafft in meine Koje kriechen. Doch es kommt anders, ganz anders. Oleg läuft mir über den Weg. Erst fragt er ganz harmlos nach dem Woher und Wohin. Dann soll ich mich doch kurz zu ihm setzen. Beim Anblick der halb vollen Wodkaflasche auf dem Tisch hätte meine Vernunft einen ganzen Tag Kopfschmerzen noch verhindern können. Sie tut es nicht. Schnell steht ein zweites Glas für mich da. Der Einstand kann zelebriert werden. Mein Gegenüber kauft, wie fast alle hier auf dem Schiff, japanische Wagen, die nicht mehr durch den gestrengen TÜV kommen und fährt sie in alle Ecken Russlands, um sie da mit Profit loszuschlagen. Seine Augen sind freundlich, wach, stets auf der Suche. Nur an seinem Gang merke ich, dass die fehlende Hälfte der Flasche und wahrscheinlich etwas mehr auf sein Konto gehen. Natürlich kann ich das nicht länger mit ansehen und helfe. Nach einer Weile wird mit Küssen und Umarmungen, etwas in Japan Unvorstellbares, die Deutsch-Russische Freundschaft gefeiert. Nach und nach füllt sich der Tisch. Aus dem kurzen Hinsetzen wird ein regelrechtes Gelage mit Schaschlik, Schweinespeck und allen möglichen Speisen, die weniger der Nahrungsaufnahme, als vielmehr nur einem dienen sollen: den Wodka aufzusaugen.

Dimitri, einer der Verlader, setzt sich neben mich. Er hat das Erscheinungsbild eines Stieres und erwidert meinen zugegeben provokativ festen Händedruck damit, dass er die Meine fast zerquetscht und dies auch noch mehrmals an diesem Abend probieren will. Er macht nicht gerade einen harmlosen Eindruck; so eher der Typ, bei dem man zweimal überlegt, ob man ihn wirklich nach der Uhrzeit fragen sollte. Ich mag ihn. Und er mich auch, speziell als ich meinen Heimvorteil ausspiele, und zum Erstaunen des Tisches einen russischen Trinkspruch (Der einzige komplette Satz, der aus dem Russisch-Unterricht zu DDR-Zeiten hängen blieb.) aufsage. In diesem Moment brechen alle Wodkadämme. Ich kann mich nur noch erinnern, erst nach viel gutem Zureden meinerseits entlassen worden zu sein und so eine halbwegs gelungene Flucht hinbekommen zu haben.

Rechts: Nachdem die Hafenstadt hinter mir liegt, wird Sibirien unendlich groß und weit.

In Wladiwostok fungiert ein altes russisches U-Boot als Horrormuseum. Das hübsche, unschuldige Gesicht des Mädchens will so gar nicht in das schaurig-tödliche Ambiente passen.

LIQUI MOLY

In Russland liebt man es bombastisch. Und man liebt Beton. Beides kombiniert lässt so ein Ortseingangsschild entstehen. Das Städtchen Birobidschan liegt an der Transsibirischen Eisenbahnlinie.

Die Auswahl ist bescheiden. Ich muss nach Westen, nach links.

Die Einfahrt nach Festlandasien ist deprimierend, fast angsteinflößend. Kilometerweit liegen heruntergekommene Kriegsschiffe, von denen viele ihre letzte Fahrt hinter sich haben, an heruntergekommenen Dockanlagen. Der Augenblick, als ich russischen Boden betrete, gerät mir fast feierlich. Ab jetzt geht es nur noch über Land Europa entgegen. Auch wenn dies ein recht großer Brocken Land ist, das Ende der sechsjährigen Reise wird jetzt sehr reell und sehr absehbar.

Die neue Welt ist spannend und scheint doch irgendwie altbekannt. Vieles hier erinnert an sozialistische Zeiten in deutschen Landen: die Löcher in den Straßen (auch wenn sie hier noch viel tiefer zu sein scheinen) die Farblosigkeit, gewisse menschliche Eigenschaften. Letzteres ist eher positiv. In dem Moment, als mich der Hafen ausspuckt, werde ich von ein paar einheimischen Motorradfahrern herzlichst empfangen, bei meinen ersten Schritten im fremden Land quasi an die Hand genommen. Sie helfen mir beim Zoll, zeigen mir die Stadt und laden mich zu sich nach Hause ein.

Wladiwostok ist viel größer und westlicher, als erwartet. Bisher habe ich zwei russische Ladas gesehen, ansonsten nur japanische Autos. Über eine Million Menschen lebt hier. Es herrscht so eine Art geschäftiger Aufbruchsstimmung. Der Handel mit Japan und China blüht. Aus der hintersten Ecke Russlands ist nach dem Fall des Eisernen Vorhangs ganz schnell die vorderste geworden.

Nachdem ich mich für ein paar Tage akklimatisieren konnte, fühle ich mich reif für das große Reich dahinter. Das hat es in sich, besonders sein Verkehr. Er kennt keine Gnade. Es gibt nur ein Recht: das des Schnelleren.

Dies ist die Situation auf den ersten 800 Kilometern im fernen Osten bis nach Chabarowsk. Sobald ich die Brücke über den riesigen Amur überquert habe, präsentiert sich das Sibirien meiner Vorstellung. Es wird ruhig und nach den letzten Dörfern ganz ruhig. Ein Schild sagt: „Chita 2165 km". Das ist die nächste größere Stadt entlang der Strecke der Transsibirischen Eisenbahn. Dazwischen liegen laut Karte viel Taiga und laut meiner Motorradfreunde in Wladiwostok viel Schotter und Staub. In meinem Kopf macht sich jetzt eine gewisse Ungewissheit breit, ob das wilde weite Land vielleicht stärker ist, als das Motorrad und ich, was dem Ganzen zusätzliche Spannung verleiht.

Die Piste hält, was sie versprach. Alles ist beschränkt auf das Notwendigste, aufs Überleben. Alle paar hundert Kilometer gibt es Benzin und Nahrung. Manchmal auch Strom. Fließend Wasser ist in den versprenkelten Dörfern ein Fremdwort. Der Frost lässt wohl jede Installation in den kleinen Holzhäusern bersten. Bei jetzt 30 Grad im Schatten ist die Vorstellung, dass die Temperatur hier im Winter leicht unter minus Vierzig rutschen kann, eine ganz schwierige.

Die Weite der Landschaft versetzt mich in Trance. Mit einer Geschwindigkeit, die ich woanders für zu hoch gehalten hätte, fliege ich stundenlang über die breite Schotterstraße. Ich helfe mir mit der Ausrede, dass die russischen Amateurrallyefahrer ein schlechtes Vorbild geben. Ab und zu wird der Schotter sehr grob und etwas tiefer. Doch Bremsen erscheint wie Aufwachen aus dem Traum, wie eine ernsthafte Störung des Dahingleitens. Meist reicht es schon, sich auf die Fußrasten zu stellen. Das Motorrad schüttelt sich kurz, bleibt aber gelassen. Es muss sich heimisch fühlen. Das einfache robuste Konzept passt zum Land. Jeder unnötige Schnickschnack würde wohl auf dieser Strecke von allein ausgesondert werden.

Abends stelle ich geschafft mein Zelt in einem ausgedienten Steinbruch auf, flüchte leicht überstürzt vor den jetzt aktiv werdenden Moskitos und denke hinter meiner Gazewand über das Warum meines mir im Moment verrückt erscheinenden Unterfangens nach. Schon am nächsten Tag soll ich eine Antwort erhalten.

Der ist anstrengend, heiß und staubig. Und er ist klasse. Als wollte Russland

Oben: Die Auswahl ist unfair! Neben dem bunten, lebendigen Bild unten wirken die alten Krieger noch älter und noch fratzenhafter.

Unten: Bewerbungsfoto – die vier Damen betreiben eine einfache Gaststätte entlang der transkontinentalen Verbindungsstrecke im Osten Sibiriens. Ihr Angebot: Schaschlik und Charme.

Einkaufskultur – der Laden eines sibirischen Dorfes, wo einem die Verkäuferin in perfektem Deutsch zum Abschied „Viel Glück“ wünscht.

mein Herz im Sturm erobern, so benimmt es sich. Es geht damit los, dass die Sonne unter einem wolkenlosen Himmel aufgeht und die Moskitos vertreibt. Mittags mache ich an einer Raststätte, einer einfachen Bretterbude mitten im Wald, Halt. Man serviert leckerstes Schaschlik frisch vom Grill. Doch die Attraktionen sind vielfältiger. Vier muntere Damen, die ich hier nicht erwartet hätte, schmeißen den Laden. Das Vergnügen ist beiderseitig. Sie scheinen sich auch über eine kurzfristige Erlösung aus ihrer „Einsamkeit“ zu freuen. Trotz des geringen gemeinsamen Wortschatzes gelingt uns eine spritzige Unterhaltung. Als ich mich aus triftigem Grund dann doch nicht dazu entschließen kann, just in diesem Moment nach Sibirien zu emigrieren, will eine der Vier auf dem Motorrad mitkommen.

Nächster Halt: Ein kleiner Dorfladen. Magasin heißt der, genau so, wie wir es in der Schule gelernt haben. Sehr nett erfüllen zwei Frauen in den Vierzigern meine im Kauderwelsch vorgetragenen Wünsche. Dann lässt mich eine der beiden staunen. Sie wünscht mir zum Abschied auf Deutsch „Viel Glück“. Nemjetzki war in der Schule die erste Fremdsprache. Dies geschieht mitten im Nirgendwo in Sibirien. In den USA habe ich mich auf dem Land schon immer gefreut, wenn die Leute halbwegs verständliches Englisch sprachen. Ein Foto als nette Erinnerung muss deshalb sein. Mittlerweile ist noch eine Oma zum Einkaufen gekommen, die frech meint, dass doch bitte die Babuschka auch mit aufs Bild möchte.

Der Spaß ist noch nicht vorüber. Als ich dann vor dem Laden einen Schluck Wasser trinke, halten zwei Jungs im Auto, unterhalten sich kurz mit mir und fahren weiter. Kurz darauf kommen sie zurück und geben mir noch einen kleinen Talisman mit auf den Weg. Er soll mir Glück bringen und gibt mir die nächste Gelegenheit, erst mal sprachlos zu sein.

Ich habe mein Glück nicht verdient. Denn bei der nächsten Gelegenheit will ich an der Echtheit des Geschenks zweifeln. Wie aus dem Nichts erscheint ein Stück nagelneue Straße, gerade Strecke, Höchstgeschwindigkeit 60. Der erste Polizist nach 1000 Kilometern winkt mich auf die Seite und zeigt mir sein Radargerät, welches bei mir

Hellblau ist die Lieblingsfarbe Sibiriens. Mein russischer Lieblingsladen (oben) macht auch von außen eine gute Figur.

80 gemessen haben soll. Halte ich nicht für übertrieben geschätzt. „Dokumente bitte! Wo kommen Sie her?“ Ich überlege noch kurz, ob ich, um die Strafe zu mildern, ein armes Land wie Elfenbeinküste oder USA angeben soll. Doch die Angst siegt und beide Namen wollten mir auf Russisch so schnell sowieso nicht einfallen. So bleibt nur Deutschland als Antwort. „Ah, nemjetzki! Dawai!!!“ Das ist unmissverständlich. So gut ist mein Russisch noch. Es bedeutet: „Deutscher, Aha! Mach dich los!“ Ich kann mein so einfaches und ungeschorenes Davonkommen gar nicht fassen und bringe nur ein verdutzt-verlegenes „Spasibo“ heraus. Er grinst nur. Und ich vertraue ab jetzt auf den Talisman.

Gegen Abend bin ich ziemlich geschafft. Ein Jeep fährt neben mich. Der Fahrer zeigt wild gestikulierend auf mein Motorrad und dann auf seine Mütze. Drauf steht: „KTM Racing“. Seine nächste Geste ist auch einfach zu verstehen und bedeutet: Etwas in den Mund schaufeln. Klar. Ich nicke. Die ganze Unterhaltung findet typisch russisch verrückt bei 100 km/h statt. Der Schotter spritzt nur so nach allen Seiten. Doch verstanden haben wir uns.

Im nächsten Dorf werde ich schon herangewunken. Sergej und sein Kumpel stammen aus Irkutsk und importieren gerade Autos. Zu Hause hat er eine Enduro stehen. „Wir essen gleich hier. Willst Du vorher noch eine Banja haben?“ fragt er mich. Sauna bei 28 Grad Außentemperatur klingt zwar etwas komisch. Aber natürlich lasse ich mich überreden. Nach all dem Staub des Tages kann eine Wäsche nur gut tun.

Der Ofen in der Holzhütte ist den ganzen Tag angeheizt. Man muss nur Wasser aufgießen. Und das tut Sergej so ausgiebig, dass es mir die Luft nimmt. Damit nicht genug. Als ich beginne, gar zu werden, haut er mir noch mit Birkenzweigen über den Rücken, dass es nur so brennt. So gehört es sich. Das Ganze muss, genau wie ein anderes Vergnügen, das Wodkatrinken, mit einem lauten Stöhnen begleitet werden, als ob einem gerade das Schlimmste widerfährt. In Russland wird immer voller Einsatz gefordert. Der lohnt in diesem Fall. Als ich raus in die Abendsonne trete, fühle mich wie neu geboren. Es hat sich schon abgekühlt, sodass der Abend bei Schaschlik und „Sibirskie Corona“ – so heißt das Bier hier wirklich – ein richtig lauschiger wird. Nur die Moskitos ärgern uns ein wenig.

In Chita erreiche ich nach 2000 Kilometern Piste wieder Asphalt. Die typischen Plattenbauten der Stadt wirken nach all der Wildnis besonders hässlich. Ich will es zwar nicht wahr haben, aber eine gewisse Erleichterung, es bis hierher geschafft zu haben, macht sich breit. Jetzt sind es nur noch 9000 bis Moskau. Das geflügelte Wort „unendliche Weiten“ bekommt hier eine Dimension.

Ich bin heute zwar erst 200 Kilometer gefahren, aber schon ziemlich kaputt. So halte ich an einer einfachen Hütte, um Frühstück zu machen. Ich verordne mir die größtmöglichen Energiespender: Schaschlik und Kwass, ein Getränk aus vergorenem Brot. Vor dem Haus ist eine Quelle mit einem Brett über einen kleinen Pool, aus welcher ich die Einheimischen ihr Wasser schöpfen sehe. Ich will es ihnen gleichtun und tauche meine Wasserflasche ein. In der Annahme, dass hinter mir auch noch ein Brett ist, trete ich einen Schritt zurück und liege plötzlich rücklings im Wasser. Sämtliche Gäste des Cafés beobachten das Schauspiel. Zu retten ist nichts mehr. So kann ich nicht anders, als auch mitlachen, obwohl mir eigentlich nicht danach ist. Ich triefe. Ausgerechnet heute, nach fünf Tagen von bis zu 30 Grad, beträgt die Temperatur maximal die Hälfte. In dem Moment merke ich, wie fertig ich eigentlich bin. Nach all den Kilometern unter vollster Konzentration war der Reinfall ein sicheres und relativ schmerzloses Zeichen, etwas langsamer zu machen. Auch recht. Ich besitze eine Telefonnummer von Motorradfahrern in Ulan Ude zwei Stunden von hier, die mir

Die „Restaurants“ entlang der Piste bieten einfachste Gerichte in einfachstem Ambiente. Pelmeni, Soljanka und Schaschlik sind immer zu haben.

Einladung bei russischen Motorradfahrern – das Essen ist Nebensache und dient vorrangig dem Neutralisieren des Wodkas.

Freunde 3500 km zurück in Wladiwostok gegeben haben.

Eigentlich hatte ich überlegt, die Stadt links liegen zu lassen. Doch mein Zustand macht eine Pause nötig. So frage ich einen Mann, der meinen Auftritt genossen hat, nach einer Belohnung, sprich nach seinem Mobiltelefon, welches etwas angeberisch am Gürtel drapiert ist. Früher hätte ich das nie hingekriegt. Jemand Wildfremden nach seinem Telefon fragen, um jemand Wildfremden in wildfremder Sprache anzurufen, um zu fragen, ob ich, ein Wildfremder, bei ihm vielleicht schlafen könnte. Es gelingt. Unter der Nummer meldet sich jemand. Ich glaube zu verstehen, dass Sergej mich abholen würde und fahre nass und kalt und voller Hoffnung weiter.

Hundert Kilometer weiter kommt mir eine Abordnung von fünf Motorrädern entgegen. Die Kunde vom Gast hat sich breit gemacht. Wenig später sind wir schon Zehn. Aus der Nachbarstadt kommen auch noch vier Mann. Die ist „nur" 680 km entfernt. So wird in Sergejs Datscha (Russ. Wochenendhaus) kurzerhand eine ordentliche Feier anberaumt. Und ordentliche, russische Feiern haben es in sich. Ich weiß nur noch, dass es zwischenzeitlich in die Banja ging. Der Rest ist nicht unbedingt erwähnenswert, dachte sich mein Hirn und vergaß ihn einfach. In Japan war ich ein gern gesehener Gast. Russland ist anders. Hier werde ich von der Gastfreundschaft regelrecht umarmt.

Unter strenger Obhut – einen besser bewachten Parkplatz hätte ich auch für Geld nicht finden können. Das Motorrad steht vor einem Regierungsgebäude in Ulan Ude. Die Zeiten haben sich geändert: Ich werde zwar beim Fotografieren beargwöhnt, bleibe aber unbehelligt.

Je näher ich der Mongolischen Grenze komme, umso weniger ist die Straße von der sie umgebenden Landschaft zu unterscheiden. Kein Wunder, die Rubel für den Straßenbau müssen einen sehr weiten Weg rollen, um bis in die letzten Ecken des Riesenreiches zu gelangen. Ab und zu fahre ich durch kleine Dörfer. An der veränderten Physiognomie der Gesichter merke ich, dass die Mongolei nicht mehr weit sein kann.

Kurz vor der Ausreise schafft es jemand beinahe, mein fast zu positives Bild über die Menschen Russlands zu korrigieren. Bei den vielen angenehmen Begegnungen hätte ja sonst der Eindruck entstehen können, dass da etwas nicht stimmt, ich vielleicht mit einer rosaroten Brille durch die Gegend fahre. Doch endlich treffe ich dann mal auf einen Bösen. Auf einer Brücke. Die ist 200 Meter lang, mit krummen halbverfaulten Brettern belegt und an den schlimmsten Stellen mit dünnen Stahlplatten geflickt.

Dieses Szenario, zusammen mit der grandiosen Aussicht auf den Fluss, wäre sehr fotogen gewesen. Das Verkehrsaufkommen tendiert hier in der weiten Steppe gegen Null. So halte ich mitten auf der Brücke, packe die Kamera aus. Im nächsten Moment kommt jemand schreiend angerannt – der Brückenwart. Diese Institution des Bewachens militärstrategisch neuralgischer Punkte ist mir in den letzten Tagen schon öfter aufgefallen. Sie muss ein Überbleibsel aus dem Kalten Krieg oder noch aus Dschingis Khans Zeiten sein. Dies ist so ein Posten, wie es viele auf der Welt gibt. Keiner traut sich, sie abzuschaffen, speziell dann nicht, wenn sie an so bedeutsamen Orten wie hier in der sibirischen Steppe liegen. Mit zornes- und wohl auch wodkagerötetem Gesicht steht der Mann dann in seiner wichtig machenden, schwarzen, mit goldenen Streifen versehenen Brückenbewacheruniform vor mir. Seine Worte und Gesten sollen wahrscheinlich bedeuten, dass ich zu verschwinden hätte. Vielleicht könnte ja das hohe Gewicht eines bepackten Motorrades das Bauwerk zum Einsturz bringen.

Ich bin heute besonders guter Laune und kann deshalb seine „Besorgnis“ vollkommen verstehen, fange deshalb auch überhaupt nicht zu diskutieren an. Wenn man sein Leben in einem sechs Quadratmeter großen Häuschen am Ende Russlands absitzen muss, kann man nicht immer auf einem Stimmungshöhepunkt sein. So willige ich ein: „Da, da“, was frei nach „Werner“ in etwa „Ja, ja Meister…“ bedeutet und packe dabei schön gemächlich, weil ein wenig Protest muss ja doch sein, meine Kameraausrüstung wieder zusammen. Ich bin ihm mittlerweile irgendwie dankbar, dass mir auch so etwas mal passiert und ich nicht nur den lieben Menschen über den Weg laufe. Als ich gerade fahren will, dreht sich der Schuft tatsächlich noch mal um und will mir doch glatt mein schönes Negativerlebnis versauen. Ganz freundlich meint er plötzlich: „Am Ende der Brücke wäre ein kleiner Hügel, wo ich ein gutes Foto machen könnte.“ Das kann ich mir dann doch nicht antun, und lehne bockig, aber innerlich grinsend, ab.

Rechts: In Sibirien gehen die Uhren langsamer. Auch wenn der Sozialismus in Russland Geschichte ist – die Ikone dieser Gesellschaftsordnung hat man noch nicht überall vom Sockel gestürzt.
Weiterhin fällt auf: Im Riesenreich kann man der Floskel vom schönen Geschlecht eine gewisse Gültigkeit nicht absprechen.

Russland hat eine bewegte Geschichte und alte Traditionen. Man legt viel Wert auf beides.

Für Tage läuft der immer gleiche Film ab: Birken und Fichten. Hier sorgt eine 180 Kilometer lange Straßenbaustelle für Abwechslung.

Hauptstraße eines Dorfes in der Nähe des Baikalsees.

Wenn sie wie mit dem Pferd verwachsen über das Grasland preschen, verdienen sich die jungen Hirten meine Bewunderung immer wieder aufs Neue.

Bei Dschingis Khans Erben

Das ist mir auch noch nie passiert: „Welcome to Mongolia!" begrüßt mich der Grenzbeamte in bestem Englisch und haut mir dabei recht kräftig auf die Schulter. Es sollte wohl soviel heißen wie: „Junge, jetzt hast Du unseren chaotischen Grenzübergang geschafft, da wirst du im Land überhaupt keine Probleme haben." Sage und schreibe acht Stationen der Abfertigung, wo jeder einen sehr wichtigen Stempel auf ein sehr wichtiges Stück Papier drückt, muss jeder Einreisewillige durchlaufen, bevor er hereingelassen wird. Das Ganze fungiert wohl als eine Art Bewährungsprobe, ob man auch reif für alles ist, was da noch kommen mag.

Anfangs meint es die Streckenführung mit dem Gast sehr gut. Eine makellose Asphaltstraße zieht sich durch baumloses, grünes Bergland Richtung Süden. Sogar ein paar Verkehrsschilder in Englisch hat man aufgestellt. Man soll sich wohl langsam an diese so einzigartig fremde, wilde Ecke Asiens herantasten können.

Die Grenze hat Zeit gekostet, weswegen ich mich bald nach einem Platz für mein Zelt umsehen muss. Dies ist selten so leicht gefallen. Hier, wo quasi ein ganzes Land in Jurten lebt und Camping als Lebensform zelebriert, findet sich auch für mich ein Platz. Die Wiesen sind vom Weidevieh wunderbar englisch kurz gefressen. Das ungewohnte und angenehme Fehlen von Zäunen lässt freie Auswahl.

In der Stadt Darhan ziehe ich an einer Tankstelle meinen bisher geschonten neuen Hinterreifen auf. Dabei bleibe ich nicht

Der Musiker sorgt für Stimmung bei einem Reiterfest.

Freie Auswahl – die Mongolei ist ein Paradies zum Campen. Direkt am Zelt plätschert ein Bach vorbei. Das Gras liegt da wie ein Teppich. Und die Pferde sind die einzig sichtbaren Lebewesen weit und breit.

Überall im Land sind an neuralgischen Punkten wie Pässen oder dieser Statue in Darham die blauen Gebetstücher zu finden.

allein. Argun leistet mir Gesellschaft. Sehr stolz kam er mit seiner Sportmaschine aus Chinesischer Produktion herangeknattert. Er schaut schweigend zu und ist ein sehr dankbarer Abnehmer meines alten Reifens. Der Geländereifen passt überhaupt nicht auf seine Maschine. Doch hier, wo derartige Konsumgüter sehr rar sind und als Luxus gelten, wird ihn irgendjemand sicher bis zum verdienten Ende, sprich bis aufs Gewebe, abfahren.

Nach Bulgan ist Schluss mit dem Kuschelkurs und der Grip der neuen Stollen wird nötigst gebraucht. Ein Gewitter hat die ansonsten gut zu befahrende Lehmpiste extrem rutschig gemacht. Hier möchte ich nicht während der Regenzeit stecken bleiben. Auf den Bergabpassagen erscheint selbst der erste Gang noch zu schnell. Ich kämpfe, schlittere, falle hin. Nach ein paar Kilometern muss ich aufgeben und verstecke mich vor dem Regen unter einem Felsen. Irgendwann kommt die Sonne wieder durch und trocknet den Lehm. Nebenbei lässt sie das sattgrüne, hügelige Weideland im Abendlicht wunderschön als feines Relief erscheinen.

Der letzte Asphalt liegt einen Tag hinter mir. Ich staune, wie ursprünglich das Land jetzt wirkt. Überall stehen die runden weißen Ger, die traditionelle Behausung der Nomaden, aus Stoff und Wolle. In lange Mäntel gehüllte Hirten sind auf Kamelen und Pferden unterwegs. In einem weiten Talkessel wirkt diese Kombination besonders fotogen. Ich baue mein Stativ auf und stelle

Oben: Die mongolischen Reiter haben noch immer etwas Martialisches an sich, wenn sie in ihren weiten Mänteln in vollem Galopp auf mich zugeritten kommen. Nur die Säbel haben sie inzwischen gegen Hirtenstäbe eingetauscht.

Unten: Versteckspiel – die Besitzer begutachten gerade den Motor der KTM.

Murums Tochter scheint der Käse zu munden.

Zu Gast im Ger von Murums Familie: Rechts sind die Eltern zu sehen, in orange sein Bruder und in gelb der Sohn. Der Ofen wird mit getrocknetem Kuhdung beheizt.

mir vor wie interessant es doch wäre, so ein Zelt einmal von innen zu sehen. Doch einfach danach fragen? Das geht nicht. Dafür ist die Hemmschwelle zu groß.

Hilfe ist sehr nahe. Sie quietscht hinter mir auf der Straße. Ein Motorrad kommt schlingernd mit blockierendem Hinterreifen im Straßengraben zum Stehen. Offensichtlich ist etwas mit der Maschine nicht in Ordnung. Ich überlege nur kurz, ob meine geringe Mechanikerkunst vielleicht helfen kann.

Der Fahrer schaut ein wenig ratlos auf eine abgesprungene Kette. Sie hat sich im Kettenkasten des alten russischen Motorrades verklemmt. Zu zweit stellt sie aber letztendlich kein großes Problem dar. Ich hebe das Hinterrad hoch und der Mongole quetscht mittels Stein und archaischem Schraubenschlüssel die Kette wieder auf das recht zahnlose Ritzel. Das dauert eine Weile, was mich freut. Denn wir unterhalten uns sehr gut. Unsere angeregte zwanzigminütige Konversation verläuft stumm, nur in Zeichensprache. Trotzdem verstehen wir uns ausgezeichnet. Worte können manchmal überflüssig sein.

Nachdem wir die Kette repariert haben, strahlt Murum auf seiner ISCH. Die Säge dient dem Zerteilen der Ziege auf dem Gepäckträger.

Nach meinem sehr geringen Einsatz folgt eine sehr große Geste: Zum Dank will mir Murum, unsere Namen haben wir dann doch gegenseitig rausgekriegt, ein Geschenk machen. Er holt eine Säge und ein großes Messer hervor, um damit einen Schenkel der halben Ziege auf dem Gepäckträger abzutrennen. Ich schaffe es gerade so, ihn davon abzubringen. Ich bin reichlich mit Proviant versorgt und so ein ganzer Ziegenschenkel wäre sowieso viel zu groß für mich. Aber die Gelegenheit für ein Foto meines dankbaren Freundes mit seiner Planeta 5 der Marke Isch nehme ich natürlich gern an. Eine gegenseitige Verbeugung zeigt unsere beiderseitige Freude über den Moment und bedeutet Abschied.

Der soll nur von kurzer Dauer sein. Denn zwei Kilometer weiter steht das nächste gestrandete Moped. Zwei Jungs hocken ratlos daneben. Der Hinterreifen ist platt. Hilfe wird erwartet und ist hier, wo man keinen Pannendienst kennt, wohl auch sehr normal. Nur so richtig vorwärts geht es auf diese Weise nicht. Und es kommt noch „schlimmer“. Murum tuckert heran und fragt, ob ich mit zu seinem Ger kommen will. Natürlich will ich. Hab ich mir doch vor einer Stunde nichts anderes gewünscht.

Es geht ein kurzes Stück über kurz gefressene Wiesen querfeldein. Dann stehen wir auf „seinem“ (das Weideland gehört in der Mongolei niemandem) Grundstück. Drei Kinder spielen am Bach, eine Frau melkt gerade die Ziegen. Das Zelt liegt weiß glänzend in der Sonne. Gespannt trete ich hinter Murun durch den kleinen Eingang. Das Innere ist in schummriges Dämmerlicht getaucht. Es ist angenehm kühl und wirkt sehr gemütlich. Sofort nimmt mich die märchenhafte Atmosphäre gefangen. Die gleißende Sonne und die Welt da draußen scheinen plötzlich ganz weit weg.

Murums Eltern liegen dösend auf ihren Betten, freuen sich offensichtlich über die Abwechslung und stehen gleich auf. Als erstes muss ich den Schnupftabak des alten Herren probieren, weil ich etwas zu neugierig auf die interessant aussehende Dose geschaut habe. Der beißende Geschmack lässt mich heimlich versprechen, nie wieder zu schauen! Die Mutter holt gleich, nachdem der Sohn unsere Reparaturgeschichte ausführlich erzählt hat, die komplette Auswahl hervor, welche die Küche zu bieten hat. Die Nahrung besteht offensichtlich fast nur aus Milchprodukten. Getrunken wird Tschai, eine Mischung aus Tee, Milch und Salz. Er soll eine nahrhafte oder auch abführende – genauer konnte ich die Gesten meiner Gastgeber nicht deuten – Wirkung haben. Dazu gibt es eine Art getrockneten Schnittkäse ohne Salz und eine Creme, die ganz entfernt an Mascarpone erinnert.

Tumult: Die Mongolenbeine sind ein wenig zu kurz. Das ganze Restaurant hat sich geleert, damit jeder einmal Probesitzen kann.

Die Angebote treffen nicht haargenau den europäischen Geschmack, machen aber sehr satt. Außerdem gebieten es Höflichkeit und Neugier, dass ich alles ausprobiere und mein Gesicht dabei zu einem genießerischen Lächeln verziehe, was ich in manchen Momenten für eine recht gute schauspielerische Leistung halte. Immerhin wird der sich lustig benehmende Fremde von Eltern, Frau, Bruder sowie zwei Kindern aufs Genaueste beobachtet.

Dafür revanchiere ich mich und nehme das Zeltinnere genau unter die Lupe. Der Boden ist dick mit Teppichen ausgelegt. An den Wänden hängt alles vom Kochgeschirr, über Unterwäsche bis zum Zaumzeug. Hier stehen auch alle acht Betten der Familie,

Umzug auf mongolisch: Zwanzig Kamele befördern das Hab und Gut der Familie zu neuen Weidegründen, ein Anblick wie aus dem Buch der Märchen und Sagen. Doch alles ist echt.

Die Augen des Mannes erzählen die Geschichte eines bewegten Lebens. Er hat mich zum Platz des Reiterfestes geführt und bietet mir gerade eine Prise an.

Die Schnupftabakdose im verzierten Lederetui gehört bei den älteren Herren zum Begrüßungsritual.

was in diesem Moment Gedanken über das Liebesleben der Mongolen aufkommen lässt. Das unterste Stück der Zeltwände ist gerade wegen der Hitze zurückgeklappt. Zusammen mit dem Abzug in der Decke sorgt dies für eine angenehme Belüftung. Der Vater sieht meine interessierten Blicke und bietet mir an, im „Haus“ zu übernachten. Das klingt verlockend. Der Ehre bin ich mir ebenfalls bewusst. Aber draußen scheint die Sonne vom tiefblauen Himmel und so zieht es mich weiter.

Erst nachdem ich wieder auf dem Motorrad sitze und in der Weite der Landschaft die Gedanken arbeiten lassen kann, wird mir das Erlebnis, das kurze Eintauchen in eine Welt wie aus Tausendundeinernacht, so richtig bewusst. Ohne die Fotos als Beweis könnte die Begebenheit aus der Realität sonst allzu leicht ins Reich der Fantasie abgleiten.

Das Landschaftsbild hat erstaunlich viele Facetten. Ständig wird den Augen etwas Neues geboten. Als ich gerade versuche, das intensive Licht eines aufziehenden Gewitters mit der Kamera festzuhalten, kommen ein paar Mongolen daher geritten. Wie mit den Tieren verwachsen, sitzen sie auf den Pferden. Ihr Dasein nötigt mir Respekt ab. Bei jeder noch so widrigen Witterung verrichten sie ihren Hirtenjob, was man den wettergegerbten Gesichtern deutlich ansieht. Sogar die Laute ihrer Sprache klingen sehr hart.

Anfangs wurde mir mulmig, wenn sie in vollem Galopp auf mich zugeprescht kamen. Staub wirbelt auf, Steine spritzen. In diesem Moment kann ich die frühere Angst Asiens vor den mongolischen Horden gut verstehen. Heute ist es nur ein Schauspiel. Es gehört dazu und ist völlig harmlos. Sobald ich mein breitestes Grinsen aufsetze, ist der Bann gebrochen. Dann verzieht sich auch die dunkelbraune Lederhaut der furchtbaren Reiter zu einem Lachen. Neugierig betrachten sie mein Gefährt. Es ist, wie so oft, sehr hilfreich, dass ich mit dem Motorrad unterwegs bin. Hier stellt es mich mit den Mongolen auf eine Stufe. Viele fahren selbst kleinere Modelle aus Russland und China.

Wie so häufig werde ich gefragt, ob ich allein unterwegs bin. Die respektvollen Blicke auf meine Bejahung streicheln das Ego. Man begegnet mir so ganz anders, als zu der Zeit, als wir noch zu zweit unterwegs waren. Die Hemmschwelle, den einsamen Wanderer anzusprechen, ist eine viel niedrigere. Er erscheint wohl verwundbarer, hilfebedürftiger.

Heute dreht sich die Konversation um die Härte unserer Sitzmöbel. Gegenseitig begutachten wir fachmännisch Pferdesattel und Sitzbank. Die KTM erweckt dabei, verglichen mit einem Mongolensattel, den Eindruck einer Couch.

Das Land ist Abenteuer. Meist folge ich ausgefahrenen Spuren, die mir die Richtung vorgeben. Doch das großartige Gefühl der Freiheit, überall hin fahren zu können, macht den ganz besonderen Reiz aus. Es gibt kaum Hindernisse. Der Boden ist eben und fest, sodass mir jede Richtung offen steht.

Mitten im Nirgendwo stehen zuweilen einsame, sehr einfache Raststätten. Vor einer dieser Holzhütten steht eine Reihe Pferde angepflockt, eine Szene wie aus einem Western. Ich stelle mein Motorrad dazu. In diesem Augenblick wird die Kulisse lebendig. Das Restaurant leert sich und die Reiter scharen sich um mich. Jeder will auf dem Motorrad Probe sitzen. Und alle haben einen Heidenspaß. Die meisten unterschätzen das Gewicht und würden mit all dem Gepäck umkippen, weil ihre Beine zu kurz sind. Aber natürlich sind viele Hände zum Stützen da. Obwohl die Mongolen so rau aussehen, benehmen sie sich plötzlich wie kleine Kinder. Ich muss zum Dank aus vielen Bieren trinken, nehme das auch gerne an und verpasse mir in der Hitze einen leichten Schwips. Dieser ist sorgenfrei. Der Arm des Gesetzes, falls es diesen überhaupt gibt, ist weit weg. Alkoholkontrollen sind hier, ein paar Tagesreisen von der nächsten Straße entfernt, eher selten. Auch die Verkehrsgefährdung fällt bei durchschnittlich zwei Fahrzeugen eher gering aus.

Mein Weg führt gen Westen. Je weiter ich in diese Richtung vordringe, umso trockener wird das Land. Die Luft gleichzeitig ausgesprochen klar. So kann ich in weiter Ferne etwas ausmachen, das aussieht, wie eine überdimensionale Raupe, die sich den Berg hinauf windet. Ein paar Minuten später bin ich heran. Meine Raupe ist ein Umzug auf Mongolisch. Eine Kamelkarawane, wie ich sie eigentlich nur zu Marco Polos Zeiten vermutet hätte, zieht über das Grasland. Exakt in einer Linie trotten ca. 20 Tiere hintereinander her. Auf ihnen ist der gesamte Besitz einer Familie verstaut. Die meisten Sachen sind in reich verzierte Holzkisten verpackt, die zu beiden Seiten der Höcker baumeln. Die letzten tragen die verschnürten Packen mit dem Zeltleinen und schleifen die Stangen des Zeltes hinter sich her.

Staunend setze ich mich ins Gras und genieße das Schauspiel. Vorweg reiten die Kinder auf Pferden, begleitet von munteren Hunden. An der Seite wacht die Mutter mit dem Kleinsten vor sich auf dem Sattel. Das Familienoberhaupt am Ende des Zuges schert plötzlich aus, kommt zu mir geritten. Der Herr, er ist um die 50, setzt sich zu mir. Einfach so. Hemmungen zwischenmenschlicher Art konnten sich hier offenbar noch nicht entwickeln. Stumm verbringen wir eine Weile nebeneinander im Gras und beobachten den Zug bis er am Horizont verschwunden ist. Die Situation könnte von außen betrachtet recht ungewöhnlich wirken. Doch in diesem Moment erscheint mir unsere lautlose Zwie-

Bei jedem Halt stößt das Motorrad auf großes Interesse. Anfangs muss ich mich daran gewöhnen, dass die Mongolen alles anfassen und ausprobieren müssen. Das ist dem Distanz gewohnten Europäer noch fremd. Andererseits profitiere ich ja auch von der Alles-gehört-Allen-Einstellung. Ich darf mich mit meinem Zelt niederlassen, wo es mir beliebt.

Stolz schreiten die Väter die Linie ihrer Söhne ab. Die rüsten sich gerade zum Reiterwettstreit.

Zu Besuch in einer Jurte im Altai. Die Nähe zu Zentralasien, wo man die Kunst der Teppichherstellung beherrscht, ist deutlich sichtbar. In den Schalen wird der typische Buttertee gereicht.

sprache als das Selbstverständlichste und Normalste der Welt. Wir verstehen uns. Zwei Nomaden, mit unterschiedlichen Zielen, losgelöst von Zwängen, Ängsten und Vorurteilen. Mein Gegenüber ist dabei losgelöster, als ich. Überflüssigerweise meine ich, etwas tun zu müssen und packe ein paar Kekse aus. So sitzen wir noch eine Weile vollkommen zufrieden nebeneinander und knabbern Kekse, der Mongole wahrscheinlich nur aus Höflichkeit. Die waren für ihn wohl so gut, wie für mich der gesalzene Buttertee vor ein paar Tagen. Irgendwann fällt dem Familienvater dann auf, dass seine Sippe ja unterdessen weiter gezogen und hinter dem Horizont verschwunden ist. Wir verabschieden uns tief in die Augen blickend höflich mit der üblichen Verbeugung voneinander.

In Tsaganul wird mir das Benzin mit einer Handkurbel ins Motorrad gepumpt. Man darf hier nicht wählerisch sein. Es gibt nur eine Sorte vom Fass, 80 Oktan. Was für die russischen Motorräder gut genug ist, muss auch für die österreichische KTM reichen. Etwas Außergewöhnliches ist im Gange. Bei der Fahrt ins Dorf merkte ich bereits, dass die Leute besonders aufgekratzt sind. Vorher in der Steppe begegneten mir ungewöhnlich viele stolze Reiter. Eine fröhliche Kinderschar löst das Rätsel und führt mich wild gestikulierend zu einer weiten ebenen Wiese. Hier hat man zum Reiterfest gerüstet. Jung und Alt ist auf den Beinen.

Ich werde von ein paar alten Herren förmlich gezwungen, dem Schauspiel zuzusehen. Zuerst nehmen die Jungs im Alter zwischen acht und vierzehn Jahren Aufstellung, als wenn sie gleich dem Ruf Dschingis Khans folgen und auf Feldzug gehen würden. Ein prächtiger Anblick, der auch von den Eltern mit stolzer Miene gewürdigt wird. Die ganz Alten sitzen im Gras und beobachten das verrückte Treiben aus der Distanz. Sie begrüßen sich mit dem immer gleichen Ritual.

Der junge Mann besucht mich abends am Zelt und legt sich wie selbstverständlich neben mich ins Gras. Sein Sohn ist wegen des komisch aussehenden Fremden noch skeptisch. Das gibt sich aber sehr schnell.

Eine Dose wird mit beiden Händen gereicht und mit gleichzeitiger Verbeugung ausgetauscht. Dann nimmt jeder eine Prise aus der Dose des Anderen und tauscht mit der gleichen Geste zurück. Das Ganze ist umgeben von einer Aura großen gegenseitigen Respekts, wie ich sie in dieser Art bisher interessanterweise nur bei relativ „einfach" lebenden Völkern beobachtet habe.

Die Gegend wird immer einsamer. Bereits seit 150 Kilometern bin ich keiner Menschenseele mehr begegnet. Ausgerechnet hier wird mir mein Leichtsinn um Haaresbreite zum Verhängnis. Im einzigen Fluss seit Tagen versenke ich beinahe das Motorrad. Etwas überheblich bin ich einfach drauf losgefahren. Kurz vor dem rettenden Ufer drückt mir die starke Strömung das Hinterrad zur Seite und ich bleibe in den losen Steinen stecken, grabe mich ein. Es geht weder vor noch zurück. Ich sitze auf dem Motorrad, halte es gerade noch mit beiden Beinen und muss dabei einen ziemlich hilflos dämlichen Anblick bieten. Absteigen kann ich auch nicht. Es würde samt Kameraausrüstung in der Strömung landen. Minuten vergehen. Irgendwann schaffe ich es, mit dem Fuß einen großen Stein so unter den Seitenständer zu schieben, dass dieser Halt findet und bringe zuerst die Kamera in Sicherheit. Zum Schluss zerre ich das Motorrad mit letzter Kraft ans Ufer, um gleich hier erschöpft zu übernachten.

Im Altai werden die Berge schlagartig höher, sind von Schnee bedeckt. Ich zelte an einem Bergbach. Kurz vor dem Dunkelwerden kommt ein Mann mit seinem etwa drei Jahre alten Sohn vorbei, grinst freundlich und legt sich neben mich ins Gras. Bis es dunkel wird, albern wir mit dem Kind. Dann schwingt er sich in den Sattel, setzt den Jungen vor sich und reitet zwei Schleifen bachaufwärts, wo seine Jurte steht – total zwanglos und völlig normal.

Im Hintergrund des schier explodierenden Himmels sind noch Reste eines Gewitters zu sehen, vor dem ich mich eine Stunde zuvor unter einem Felsvorsprung verstecken musste.

Der Morgen in einem Hochtal im Altaigebirge nahe der russischen Grenze.

Wo ist Europa?

Russland hat mich wieder und zeigt mir gleich das Beste, was es zu bieten hat. Oberhalb der Baumgrenze geht es durch eine weite Steppenlandschaft, die von den schneebedeckten Bergketten des Altai flankiert ist. Langsam verliert die Straße an Höhe, folgt einem rauschenden Schmelzwasserfluss. Das Tal ist jetzt bewaldet. Die Landschaft könnte mit den scharfkantigen Schneebergen an die Alpen erinnern, wenn es nicht so einsam zu ginge. Ein paar Dörfer, sehr einfach und echt und ursprünglich, verteilen sich auf 500 Kilometern.

Wahrscheinlich auch auf Grund dieses fesselnden Eindrucks kommen mir die nächsten 2000 Kilometer besonders langweilig vor. Das Interessanteste an der monotonen sibirischen Sumpflandschaft zwischen Altai und Ural sind die Polizisten. Sie sorgen für Unterhaltung. Etwa alle 100 Kilometer steht eine Kontrolle, ein Überbleibsel aus den Zeiten des sozialistischen Überwachungsstaates, auf dem Programm.

Das Spiel beginnt mit der Frage: Hält er mich jetzt an oder nicht? Wenn ich keine Lust auf Konversation habe, sehe ich zu, dass ich einen Lkw erwische, hinter dem man sich verstecken kann. Sobald es dann am überraschten Polizisten vorbei geht, versuche ich im entscheidenden Moment stur geradeaus zu gucken. Das ist nicht so einfach wie es klingt und erfordert einiges an Disziplin. Weil: Gleichzeitig bin ich auch neugierig. Was macht er jetzt? Steht er wild fuchtelnd da oder winkt er einfach dem Nächsten? Manchmal bleibt mir nichts weiter übrig, als anzuhalten. Dann sind wir oft unterschiedlicher Meinung und das Spiel geht in die zweite Runde. Meist möchte der Polizist ein wenig Geld und ich möchte ihm keines geben. Nach den ersten verkrampft-ängstlichen Versuchen gelingt es mir, Spaß an unseren Verhandlungen zu haben.

Heute ist der längste Tag des Jahres. So habe ich mir vorgenommen, einen Rekord aufzustellen und die Tausend-Kilometer-Marke zu brechen. Wie um die Sinnlosigkeit dieses Unterfangens klarzustellen, legt mir Russland eine schier unüberwindliche Hürde in den Weg. Sie wiegt zwei Zentner und heißt Wolodja.

Die Geschichte beginnt harmlos. Es ist nachmittags um vier und ich habe ein kleines Problem am Motorrad zu beheben. Der Parkplatz eines Rasthauses mitten im Nirgendwo kommt da gerade recht. Es dauert nicht lange, da naht der Besitzer, Wolodja, und fragt sehr nett, ob ich allein zurechtkäme. „Ja, kein Problem." Der Komplott geht weiter: „Wo schläfst du unterwegs?" „Im Zelt." Und wie wäschst du dich?" Ich zeige ihm meinen Wasserbeutel. Jetzt hat er mich am Haken und bietet gleich an, dass ich doch seine Sauna benutzen könnte. Dies ist ein Angebot, das ich schlecht ablehnen kann, speziell nachdem die Moskitos die Körperwäsche in den letzten Tagen eher panisch als gründlich ausfallen ließen.

Sobald ich entspannt, durstig und wehrlos aus der Sauna komme, streckt er mir ein Bier entgegen. „Das kannst du noch schnell trinken, bevor du weiter fährst", meint er scheinheilig, um dann bald vorzuschlagen, wegen der Moskitos in die Gaststube zu flüchten. Hier verschwindet er kurz und kommt mit einem deftigen Abendmahl zurück.

Eine kleine Flasche Wodka gehört wie selbstverständlich dazu. Wolodja will mir die Herkunft des Schinkens erklären. Doch ich verstehe nicht. Kurzerhand schleppt er mich in sein Wohnzimmer und deutet auf ein Bärenfell. „Deshalb ist Zelten in dieser Gegend auch keine gute Idee." rät er mir spitzbübisch ab. Braucht er nicht mehr. Ich habe sowieso kapituliert.

Nachdem Wodka und Schinken im Magen gut vermischt sind, brechen wir zu seinen Freunden auf. Die flach stehende Mitternachtssonne lässt die russische Taiga wie im Märchen erscheinen. Der Eindruck wird durch die Dörfer entlang des Weges noch verstärkt, kleine versprenkelte Holzhäuser mit hellblau bemalten Fensterläden. Wir zuckeln im alten Lada über die vom winterlichen Frost zur Buckelpiste gemachten Straßen, könnten die Mundwinkel angesichts der wodkaunterstützten Hochstimmung kaum höher ziehen. Ich wünsche mir, diesen unbeschwerten, fast schon romantischen Moment für immer festhalten zu können.

Der Abend wird mit Honigwein und Kaviar fortgesetzt. Das Ende verschwindet irgendwann in meinem Unterbewusstsein. Doch es muss ein Gutes gewesen sein, so wie mich mein neuer Freund am nächsten Morgen angrinst.

Ein fürchterlicher Kater und vier Stunden Fahrt durch Dauerregen sind anderntags die Strafe für meinen Beitrag zur Völkerverständigung. Ich hätte auf Wolodja hören sollen. Der hatte alles versucht, um den neuen Kumpel noch nicht gehen zu lassen. Zuerst deutete er auf die zur Schlammwüste mutierte Straße. Mein Argument, dass in Deutschland eine Frau auf mich wartet, schmetterte er damit ab, dass er drei hätte (Frau und Töchter) und ich gern eine davon haben könnte. Gehen durfte ich nur mit dem Versprechen, im Winter wieder zu kommen. Dann soll es auf Bärenjagd gehen.

Seit einer geraumen Weile habe ich mir auszumalen versucht, wie es wäre, nach all den Jahren wieder nach Europa hineinzufahren. Irgendwie erwarte ich etwas Großes, gefühlsmäßig und auch geografisch. Als Trennlinie zweier Kontinente ist der Ural in meiner Fantasie ein markantes Gebirge, ja fast eine Mauer, die Asien von Europa trennt. Doch kaum merklich führt die Straße bergauf und, während ich noch darauf warte, dass die große Felsbarriere von mir bezwungen werden will, geht es genauso unspektakulär auf der anderen Seite hinab. Die paar Kurven hat man nur der Form halber eingebaut. In einem Land, wo jede abgesprungene Panzerkette ein Denkmal bekommt, lauere ich auf ein riesiges Stück Beton, das mir sagt, dass ich jetzt in Europa angekommen bin. Doch auch dieses wird mir vorenthalten. Lange will ich nicht an diese Enttäuschung glauben, bis sie das Ortseingangsschild von Ekaterinenburg bestätigt.

Die Stadt liegt laut meiner Karte in Europa. Doch dies ist nicht das Europa meiner Erinnerung. Jenes nach dem ich mich seit langem sehnte. Vielfalt oder gar Schönheit sucht man hier vergebens. Finsterste, monströse Industrieanlagen ragen in den Himmel. Die Luft ist von den Abgasen abwechselnd

Anpassung: Die Tankstelle ist auf Grund des Dauerfrostbodens überirdisch angelegt. Dass des Fahrers Statur so perfekt zu seinem Tanklastwagen passt, ist wohl Zufall.

schwarz und ocker gefärbt. Das furchtbare Schauspiel wirkt wie eine Mischung aus industrieller Revolution und George Orwells Weltuntergangsszenario „1984“. Selbst die Straßen passen zum Ambiente. Die Löcher scheinen mich verschlucken zu wollen. Lkw-Fahrer zu sein ist hier Höchststrafe. Ich frage mich, ob heutzutage immer noch Menschen in diese Gegend verbannt werden, vielleicht von der Macht des zu verdienenden Geldes. So schnell es geht, flüchte ich gen Westen.

Heute ist ein spezieller Tag. Die Anspannung lässt mich um halb fünf das Zelt zusammenpacken. Hundert Kilometer und nur eine Stunde später stehe ich auf dem Roten Platz. Moskaus Verkehrsführung kriegt von mir den ersten Platz aller Hauptstädte der Welt, speziell nach dem Chaos von Tokio. Genau zwei rote Ampeln und eine Einbahnstraße, durch die ich verkehrt herum fahren „musste“, waren im Weg. Jetzt, Sonntagmorgen um sechs, scheinen die ersten Sonnenstrahlen auf den Kreml. Die letzten Zeugen der Nacht, zahlreiche Prostituierte und ein paar Betrunkene, leisten mir Gesellschaft. Ich genieße, wenn auch nur für ein paar Minuten, den Augenblick, auf dem historischen Pflaster zu stehen, es allein bis hierher geschafft zu haben. Doch länger als zwei Stunden kann mich auch Moskau nicht halten.

Moment des Innehaltens vor dem Kreml in Moskau. Das Ende der Reise ist verdammt nah.

Die letzten 2300 Kilometer liegen vor mir. Doch Russland gibt sich nicht so leicht geschlagen. An der wirklich allerletzten Polizeistreife vor der Grenze erwischt es mich dann doch: Überholen im Überholverbot. Kann ich nicht abstreiten. Die Linie ist doppelt, dick und deutlich. Da haben sie Recht. Das hätte woanders auch was gekostet. Es geht nur noch ums Verhandeln der Strafe. Aus 50 Euro kann ich 14 machen und wäre damit eigentlich zufrieden, wenn es nicht meine Statistik versauen würde. Die erste Verkehrsstrafe in sechs Jahren!

Das Land klammert, will mich nicht gehen lassen. Selbst bei der Ausreise muss ich mir noch meinen Weg freikaufen. Ich habe das lästige Registrieren in Russland einfach ignoriert, was ein ziemliches Vergehen ist. Normalerweise muss man sich alle drei Tage auf einer Polizeistation melden oder sich in teuren Touristenhotels registrieren lassen, damit der Staat die Kontrolle behält, wo sich die potentiellen ausländischen Spione bewegen. So kostet mich nach einer Stunde Verhandlung meine Freiheit noch mal zwölf Euro – für das Gebotene ein Schnäppchen.

Lettland empfängt Jeden mit dem dunkelblauen Schild. In der Mitte steht Latvia, außen herum sind die gelben Europäischen Sterne. Dies ist die verspätete Ankunft auf dem alten Kontinent. Nicht einmal meinen Pass will man sehen. Irgendwie bin ich jetzt froh, nicht mehr um jeden Meter kämpfen zu müssen. Die Straßen haben keine Löcher mehr. Doch Komfort hat seinen Preis. Das Benzin kostet doppelt so viel wie in Russland. Litauen und Polen fliegen nur so an mir vorbei, obwohl sie viel mehr Zeit verdient hätten. Selbst eine gerissene Kette bei Warschau kann mich nicht länger als eine Stunde aufhalten.

Zwei Tage nach dem Roten Platz stehe ich an der Grenze zu Deutschland. Entgegen meiner Erwartungen will sich überhaupt kein großes Gefühl wie Freude oder Melancholie einstellen. Das kommt wohl erst später. Stattdessen gilt meine Sorge dem südafrikanischen Nummernschild, der Kopie einer deutschen (nicht mehr existierenden) Zulassung und der nicht unbedingt dazu passenden russischen Versicherung. Überall in der Welt wäre diese Kombination kein Problem. Doch hier könnte man berechtigte Zweifel an der Tauglichkeit dieses internationalen Paketes hegen. Doch niemand schenkt den bunten Papieren Beachtung. Mein gültiger Pass reicht als Eintrittskarte. Kurz darauf bei Görlitz kommt dann doch so etwas wie Euphorie auf. Ein Schild sagt: Leipzig 220 km – nach Tausenden von Kilometern zwischen russischen Städten ein geradezu lächerlich kleiner Wert. Und Leipzig klingt schon sehr nach Zuhause...

Antworten, die auch andere interessierten

Was war das Schwierigste an der Reise?
Das Losfahren und das Ankommen. Beim Aufbruch galt es die Barrieren im Kopf und die Ängste zu überwinden. Bei der Rückkehr fiel die „Resozialisierung" in manchen Bereichen ziemlich schwer. So kann ich mich zum Beispiel unangemessen stark darüber aufregen, wenn irgendwo Essbares verschwendet wird. Da sind zu viele Bilder vom Hunger in meinem Kopf.

Was würdest Du beim nächsten Mal anders machen?
Nicht viel. Mit weniger Krempel losfahren. Außerdem würde ich mir am Anfang der Reise mehr Zeit lassen und versuchen, noch weniger zu planen, um noch offener für spontane Entscheidungen zu sein.

Warum mit dem Motorrad und nicht mit einem bequemeren Auto oder mit öffentlichen Verkehrsmitteln?
Es gibt viele Gründe für das Motorrad – die Herausforderung, das physische Erleben jedes Kilometers, die Unabhängigkeit sind wohl die wichtigsten. Auf dem Motorrad ist man seiner Umwelt sehr nahe, spürt Hitze, Kälte, riecht jede Nuance. Und um zu spüren bin ich aufgebrochen. Im Auto würde ich mich abgekapselt fühlen. Ein weiterer großer Vorteil des Motorrades wurde mir erst unterwegs bewusst: Die Menschen wollen dem Schutzlosen, dem Ausgesetzten helfen, fühlen sich quasi verantwortlich. Diese Erfahrungen gehörten zu den Besten der Reise. Das spartanische Motorrad stellte mich auch mit dem größeren Teil der Welt – dem weniger wohlhabenden – auf eine Stufe. Dort gelten Mopeds als billiges Transportmittel und nicht als Luxusgut. Das hat die Kontaktaufnahme deutlich vereinfacht.

Warum dann nicht mit dem Fahrrad?
Das wäre eine noch konsequentere und auch die zweite Wahl gewesen. Der wichtigste Grund, welcher mich davon abhielt, war der eingeschränkte Aktionsradius. Nach einem anstrengenden Tag fährt man nicht mal schnell noch 30 Kilometer einen Berg hoch, um da oben sein Zelt aufzustellen, nur weil einem die Aussicht von da oben als sehr lohnenswert erscheint. Mit dem Motorrad schon. Andererseits sind mir sicher Details entgangen, die mir die Reise mit dem Fahrrad gezeigt hätte.

Welches war dein Lieblingsland?
Das kann ich nicht sagen, da würde ich zu vielen Unrecht tun. Einige stehen für bestimmte herausragende Eigenschaften: Simbabwe für die Begegnung mit wilden Tieren, Chile für die Landschaft, Argentinien für das Lebensgefühl, Kolumbien für die Gastfreundschaft, Japan für die Fremdartigkeit und die Mongolei für Freiheit.

Wie finanziert man so eine Reise?
Das Ganze klingt viel teurer, als es ist. Ich bin mit 20000 Mark an Erspartem losgefahren plus etwa 15000 Mark für Motorrad und Ausrüstung – der Preis für einen Golf. Unterwegs ergaben sich allerhand Chancen, sich nützlich zu machen: als Maurer in Kenia, als Zimmermann in Australien, als Tischler in Bolivien, als Führer einer Motorradtour in den USA und als Damenfußballtrainer in Kanada. Bei manchen Jobs verdiente ich gutes Geld, bei anderen gab es gute Erfahrungen oder ein Bett und etwas zu Essen als Entlohnung. Ein Großteil des Budgets wurde durch Reiseartikel in Publikationen in mehreren Ländern gedeckt. Ansonsten lebte ich, was materiellen Luxus betraf, recht anspruchslos. Unterkunft war das Zelt, meist in freier Natur. Die ist umsonst. So reichten 300 Euro im Monat als Budget.

Wie hat das Motorrad durchgehalten?
Darum muss man sich die wenigsten Sorgen machen, was ich natürlich erst im Nachhinein weiß. Es bekam seine regelmäßigen Streicheleinheiten. Ich bin nach wie vor der Meinung, dass es mich auch deswegen ohne größere Ausfälle so weit gebracht hat. Nach einer Weile kannte ich die Maschine so gut, als wäre sie ein Teil von mir. Wenn etwas kaputt ging, und das passiert bei einer solchen Tortur von mehr als vier Äquatorumrundungen zwangsläufig, dann führte die kleine Zwangspause immer zu interessanten Begebenheiten. Ted Simon, ein anderer Motorradfahrer, sagte sehr treffend: „Die Unterbrechungen sind die Reise."

Würdest Du die Reise wieder machen?
Wenn ich sie noch nicht unternommen hätte – sofort. Für ein zweites Mal würde mir vielleicht die Energie fehlen. Es kostet einiges an Kraft, täglich ums „Überleben" kämpfen zu müssen. Allerdings befinden sich noch genügend Träume in der Schublade.

BEAUFORT SEA
BAFFIN SEA
Davis Strait
Baffin Island
Victoria Island
MACKENZIE MOUNTAINS
ROCKY MOUNTAINS
ALASKA RANGE
CANADA
HUDSON BAY
Labrador Peninsula
GULF OF ALASKA
Vancouver Island
CANADIAN SHIELD
North Pacific Ocean
UNITED STATES OF AMERICA
Hawaiian Islands (U.S.)
Hawaii
MEXICO
GULF OF MEXICO
SARGASSO SEA
BAHAMAS
CUBA
HAITI
DOMINICAN REP.
JAMAICA
CARIBBEAN SEA
BELIZE
GUATEMALA
EL SALVADOR
HONDURAS
NICARAGUA
COSTA RICA
PANAMA
VENEZUELA
GUYANA
COLOMBIA
Galapagos I. (Ecuador)
ECUADOR
PERU
SELVAS
BOLIVIA
PARAGUAY
Tuamotu Archipelago
Pitcairn Islands (U.K.)
Juan Fernandez I. (Chile)
South Pacific Ocean
ARGENTINA
CHILE
PATAGONIA
Strait of Magellan
Isla Grande de Tierra del Fuego
Falkland
Cape Horn
Drake Strait
South Shetland